M000104650

日本の図像
花鳥の意匠

Flower, Bird
Traditional Patterns in Japanese Design

日本の図像
花鳥の意匠

Flower, Bird
Traditional Patterns in Japanese Design

目次

●———図版

●———解説

はじめに

四季折々に移り変わる自然や景色、花や鳥の佇まいの美しさを追い求め、その姿・かたちを絵画や工芸品として生活の中に採り入れ、観賞し愛玩したのが先人の知恵であった。西洋美術では自然は常に脅威といった対立の様相に関心がもたれたのに対して、東洋美術ではむしろ自然との調和を求め、自然を人間の側から捉えたものであった。

わが国で自然の美的表現である花鳥画が芸術として現われたのは、中国花鳥画からの影響が大きい。当時、中国文化は唐物（からもの）として崇拝され、宋・元の絵画は「唐絵・漢画」として渡来した。

そしてそれらの唐絵は室町末期から起った書院造りの発達とともに、座敷の床の間を飾るものとして禅刹や領国大名らに求められた。このような状況の中でわが国でも漢画に倭絵（やまとえ）の画風を取り入れ、狩野派を中心に倭漢融合をめざす花鳥画が生み出された。

桃山時代には武将の権威の象徴として、また菩提寺院の装飾のため金碧障屏画（きんぺきしょうへいが）が好んで描かれた。江戸時代には伝統的な倭絵を継承した土佐派、また花鳥は絵画性と共に装飾性の強いところから、蒔絵、染織、金工、陶磁などの工芸意匠に取り入れられ、琳派（りんぱ）などの作家が活躍した。江戸中期には円山応挙によって始められた写実的な絵画の円山派と、その流れを汲む呉春の開いた四条派など京都画派も盛んになり、それらは近代日本画として花開くのである。

本書ではこうした自然の美的表現である花鳥をテーマとし、室町期の狩野派をはじめ、桃山・江戸期の華麗な装飾画、写生に徹した円山・四条派などの絵画と工芸意匠、またそれらが描かれるまでの下絵資料などを併せて紹介します。

Introduction

The beauty of nature, of landscapes and the birds and flowers within them, changes with every season. The wisdom of past generations lay in capturing this beauty in paintings and craft objects, so to be incorporated into everyday life, enjoyed, and cherished. Unlike Western art, which treats nature as menacing and adversarial, the art of the East pursues harmony with nature and focuses on humanity's perceptions of the natural world.

In Japan, bird and flower motifs first appeared as aesthetic expressions of nature strongly influenced by Chinese bird and flower Paintings. Chinese culture was highly respected, but exotic—karamono, things from abroad—and Song and Yuan dynasty paintings were known as kara-e or kanga, foreign or Chinese paintings. As the shoin style of architecture developed in Japan in the late Muromachi period (sixteenth century), such kara-e were coveted by Zen priests and feudal lords alike as hangings to adorn decorative alcoves (tokonoma) in their formal sitting rooms. It was during this period that uniquely Japanese yamato-e techniques were incorporated in kanga produced in Japan. Japanese artists, principally of the Kano school, created bird and flower paintings that sought to fuse the Japanese and Chinese styles.

During the Momoyama period (1568-1615), scenes painted on gilded golden screens were favored as symbols of feudal authority and as decorations for family funerary temples. In the Edo period (1615-1868), Tosa school painters, inheritors of the yamato-e style, were prominent. Because bird and flower designs were both pictorial and quite decorative, they were incorporated as design motifs in lacquerware, textiles, metalwork, ceramics, and other objects, and artists of the Rinpa and other schools led in producing a variety of paintings and art objects in a highly decorative, yamato-e based style. The mid-Edo period saw the birth of painting based on sketching directly from nature, with the Maruyama school, founded by Maruyama Okyo, and the Kyoto style of painting, such as the Shijo school established by Matsumura Goshun, which drew on the same traditions. Such movements would go on to blossom into modern nihonga or Japanese-style painting.

With the Kano school of the Muromachi period as our starting point, this text will explore the bird and flower theme as an aesthetic expression of nature throughout the ages. We examine the artistry and craftsmanship of sumptuous Momoyama and Edo period ornamentation, and the work of the more realistic Maruyama and Shijo schools, along with reference materials such as preliminary sketches.

花鳥画の成立

———— 榊原吉郎

絵画

花鳥画の成立

榊原吉郎

わが国の花鳥画の原形を探せば、やはり中国絵画の「山水・人物・花鳥・走獣」という世界に辿りつくことは間違いない。しかし中国絵画に見られる花鳥とは別個の世界を形成したのが日本の花鳥画である。別個の世界とはどのようなものであろうか。例えば、教えを求めて中国に出かけた雪舟が結論として、中国の自然や風物が自分にとって最も良い師匠であったと語った言葉が象徴する世界ではなかろうか、と考える。この雪舟の言葉は、日本人に共通する「海外留学組の心理パターン」であり、心理学研究の対象とすることが出来るかも知れないが、ここでは率直に、日本人の心情が素直に吐露されており、中国絵画とは別個の絵画世界を創りあげた画家の言葉と解しておきたい。

日本の絵師たちが見出したものは何であろうか、それは中国絵画とは異なる世界であった。それを大雑把な図式化にしてみると、中国絵画は毛筆による描線を重視し色彩を捨てる方向に進んだのに対して、日本の絵師たちは逆に線描を放棄し色彩を塗ることにより完成させる方向を選択した、ということである。毛筆の線により形を表現するのが東洋絵画に共通する性格ではあるが、色彩世界に目覚めたのが日本の絵画であったといえる。線描表現と色彩表現とは、「藝術は爆発だ」と叫ぶ岡本太郎を持ち出すまでもなく、画家の意識の中で異なる方向を持つものである。線描のよる表現は理性的な側面を持ち、色彩は画家の内なる感情の発露と情感の表情があらわに出てくる性格を持っている。岡本太郎の作品には色彩による感情の爆発があり、線描表現による静かな理性に欠けるところがある。墨に五彩あり、ということもあるが墨一色の花鳥には華やかさを見出しにくく、村上華岳の『墨牡丹』が示すように沈潜した理性に訴えかける表現が中心となる。華岳の水墨画は鮮やかな色彩を拒否するところにあり、独自の世界を形成する。しかし色彩の華やかさに花鳥画に楽しみを見出し、好んだのが一般の日本人であり、墨一色の花鳥画は特異であったことは歴史が物語る。

花鳥画の分野が中国で成立したには違いないが、中国の花鳥画に存在するものは「山水」・「人物」の後に位置するものであり、あくまでも序列意識によって分類位置づけされた絵画である。中国の序列意識の背後には「色」に対する特別な意識感情が存在している。漢字の「色」は女性の姿の象形であり、「色荒」と対を成す「禽荒」の語句が示すように内に秘めるエロスがある。中国の花鳥画には番の鳥が表現されることが多い。雪舟の花鳥にもその影響と見られる雌雄の番の鳥が描かれる。雌雄の鳥の表現には子孫繁栄を願う意識が隠されているのである。花の美しさの背後には種子を遺す生殖器官としての植物の生命力

「四季花鳥図屛風」(右隻)　重文　伝雪舟等楊　室町時代　京都国立博物館

が息づいていることを中国の人たちは気付いていたのである。この欲望を制御する意識の働きが「山水画」を一位にし、戒めの意図をもった「人物画」を次にし、「花鳥画」「走獣画」へと位置付けたものであろう。

それに対して、雪舟が自然を求めて描き出そうとしたように、日本の画家たちは日本の自然から学び取り、生きとし生けるもの全てに師を見出そうとしてきた。それはエロスを含めた大きな自然であった。おおらかにエロスを肯定する日本人の意識が日本の美を生み出したのである。

この自然は『古今集』の序に結実している世界である。花に鳴く鶯、水にすむ蛙に触発されたのが歌心であるように、自然に触れた独自の絵心が花鳥画の世界を育て上げた。日本の自然・風物が師匠となりうる世界であり、「山水画」・「人物画」と厳しく位置付けたその後に続く「花鳥画」ではない。山水・人物・花鳥・走獣が等しく自然であることを自覚した上での花や鳥であり、これがわが国の花鳥画となった。いいかえれば、「豊葦原の瑞穂の国」の自然や風土が今日我々の目にすることができる花鳥画を創造したのである。この日本の花鳥画を創りだした画家たちの心象は、花や鳥の正確な形態にあるのではなく、鮮やかな色彩により表現された花や鳥に定着している。「花を花として描くのは下手な画家にすぎない。光琳はつねに花を人として描いている」という小林太市郎の言葉を持出すまでもなく、花や鳥に画家たちは何かを托しているのである。花鳥画を装飾的絵画と位置付け、現在では花や鳥を同時に表現することを求めず、花のみが描かれ、鳥に花を添えることさえなく、それぞれ独立した絵画表現と見るようになっている。

「琳派」と呼称される流派に日本の花鳥画の典型が残されている。

「琳派」の絵画を「装飾的」だ、いや「琳派」にかぎらず日本絵画を「装飾的」という言葉で片付けることが多い。それは日本の画家たちの心象世界に立ち入らない言葉である。画家が托そうとしている世界を見ないことになる。そこで「琳派」の画家たちが托そうとした世界を簡単な図式化により、日本の画家たちが描いていた心象を垣間見よう。

「琳派」の画家とは、江戸時代の俵屋宗達、尾形光琳、そして近代の神坂雪佳であり、あえてここでは「江戸琳派」は取り上げない。この三者以外に中村芳中を挙げるべきだが資料不足により今回は割愛する。「江戸琳派」を除く理由には技法上の表現様式が根底から異なることがあり、さらに内面の心象世界が合致しないことがある。技法上の相違点の中核は「写生」にあり、圓山応挙の手法を取り入れた「江戸琳派」と「写生」を求めなかった「琳派」の三者の違いである。さらに心象世界を共有できないことがある。共有できない因子としては「古典」の差異が大きいことにある。

宗達・光琳・雪佳が共有した「古典」世界は古今集に遡る和歌であり、伊勢・源氏物語であり、能楽の世界であった。歌・物語そして演劇が彼らの心象世界の根底にあった。特に演劇空間である能の世界は「琳派」を「琳派」たらしめる重要な因子であった。この三者が抱いた心象世界を特徴付けるのが能楽である。宗達には本阿彌光悦との合作「嵯峨本」があり、光琳の能狂いは知られており、雪佳には金剛流との接点がる。世阿弥が大成した能楽世界は『花伝書』に示された幽玄な「はな」であり、藝の「はな」を植物の花に見立てている。『花伝書』の「はな」と「琳派」の画家が求めた花鳥の心象世界が交差している。残念ながら現在のところ「江戸琳派」と能楽との接点が見出せていない。

「琳派」の花鳥画は根底に平安時代から室町時代におよぶ古典世界が密接に絡み合っていることは否定できない。

光琳の『燕子花図屏風』の背後に伺えるのが、謡曲「杜若」である。『伊勢物語』第七・八・九段を背景に、在原業平の女人遍歴や二条の后への思慕の情を、シテの「杜若」の精が旅の僧にむけて物語るのが主題となっている。三河の八つ橋に咲く燕子花は業平が愛した八人の女性の象徴であり、さらに燕子花の精は歌舞の菩薩であり、陰陽＝男女の神であり、この世の衆生済度するための仮の姿である、と謡上げる。燕子花の精は単なる花の精ではなく、二条の后であるという解釈までも拡がっていたのである。光琳はこの謡曲について、使用する面が「こおもて（小面）か」と記録しており、演能にさいして古様を伝える曲舞があること、曲目の構造や内容についても熟知していた。

ただ燕子花を色鮮やかに表現したのではない。描かれた燕子花のなかに女性に対する思慕の念が籠められており、「草木国土　悉皆成仏の　御法を得てこそ　失せにけれ」と謡い納める思想が秘められている。「琳派」の心象世界の絵画表現を読み取ることができるのであり、日本の花鳥画の成立に見る独自性がここにあり、中国絵画の花鳥とは異なる世界が展開しているといえる。

「四季花鳥図屏風」(右隻) 重文 伝雪舟等楊 室町時代 京都国立博物館

「鷲・下図」 狩野芳崖　東京藝術大学大学美術館

「花鳥図屏風」伝狩野元信　16世紀　東京藝術大学大学美術館

「鷲・下図」 狩野芳崖　東京藝術大学大学美術館

「四季花鳥図屏風」(右隻)　室町末期　16世紀中期　静岡県立美術館

「鷲・下図」、狩野芳崖　東京藝術大学大学美術館

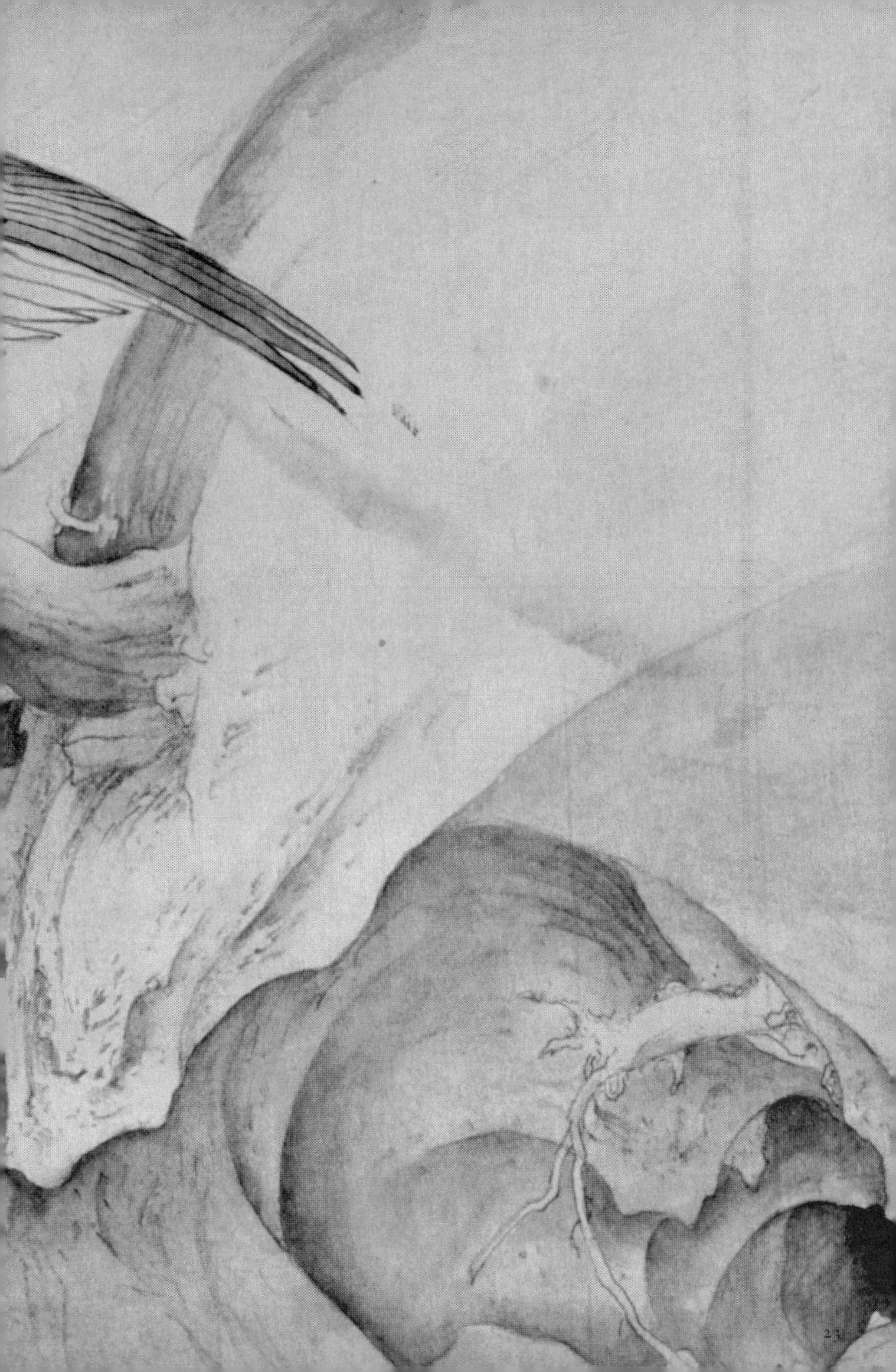

「鳳凰図屏風」(右隻)　狩野常信　江戸時代(17世紀)　東京藝術大学大学美術

「鷲・下図」 狩野芳崖　東京藝術大学大学美術館

「秋草図屏風」 尾形光琳　東京藝術大学大学美術館

「鷲・下図」狩野芳崖　東京藝術大学大学美術館

「蓮池水禽図」国宝　俵屋宗達　江戸時代（17世紀）京都国立博物館

「蓮池鷺図」 狩野周信　江戸前期（17世紀末-18世紀初）静岡県立美術館

「鷲・下図」 狩野芳崖　東京藝術大学大学美術館

「動植綵絵」「群鶏図」伊藤若冲　江戸時代　宮内庁三の丸尚蔵館

「動植綵絵　紫陽花双鶏図」伊藤若冲　宝暦9年（1759）宮内庁三の丸尚蔵館

「四季花鳥図巻·下巻」 酒井抱一　江戸時代（19世紀）　東京国立博物館

「動植綵絵　蓮池遊魚図」 伊藤若冲　江戸時代　宮内庁三の丸尚蔵館

「動植綵絵」群魚図」伊藤若冲　江戸時代　宮内庁三の丸尚蔵館

「四季花鳥図巻・下巻」 酒井抱一　江戸時代（19世紀）　東京国立博物館

「動植綵絵　雪中鴛鴦図」伊藤若冲　宝暦9年（1759）、宮内庁三の丸尚蔵館

「動植綵絵　芦雁図」伊藤若冲　江戸時代宮内庁三の丸尚蔵館

「四季花鳥図巻・下巻」 酒井抱一　江戸時代（19世紀） 東京国立博物館

「樹花鳥獣図屏風」(右隻)　伊藤若冲　江戸後期(18世紀後半)　静岡県立美術館

「四季花鳥図巻・下巻」 酒井抱一 江戸時代(19世紀) 東京国立博物館

「樹花鳥獣図屏風」(右隻)　伊藤若冲　江戸後期(18世紀後半)　静岡県立美術館

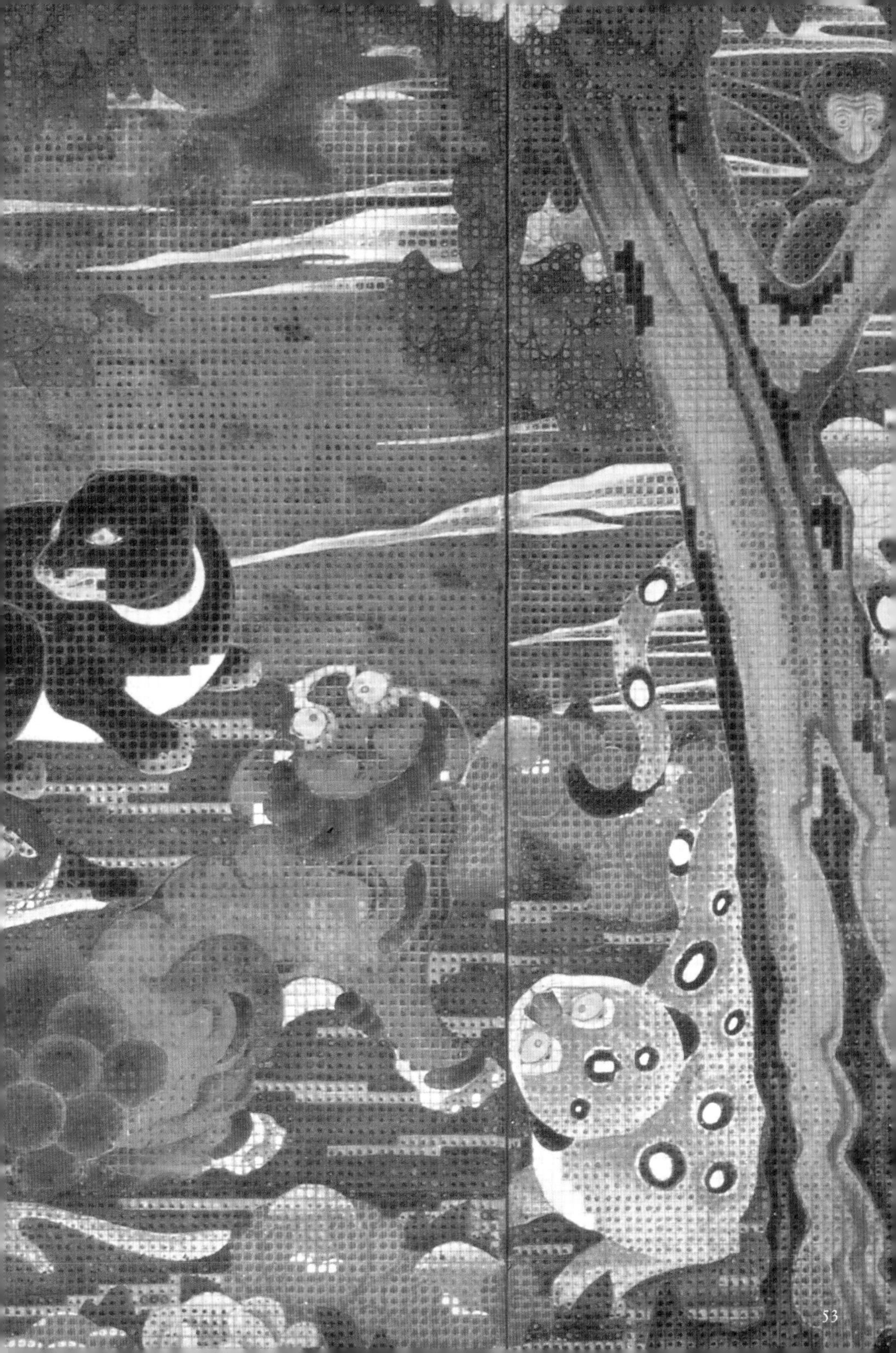

「四季花鳥図巻・下巻」 酒井抱一　江戸時代（19世紀） 東京国立博物館

「群鶴図」(左隻)　石田幽亭　江戸時代中期(18世紀)　静岡県立美術館

「四季花鳥図巻・下巻」 酒井抱一 江戸時代（19世紀） 東京国立博物館

「親子犬図」狩野永良　江戸時代中期（18世紀）静岡県立美術館

「四季花鳥図巻・下巻」 酒井抱一　江戸時代（19世紀）　東京国立博物館

「四季花鳥図」(左隻) 酒井抱一 江戸時代 京都国立博物館

「四季花鳥図巻・下巻」 酒井抱一 江戸時代（19世紀） 東京国立博物館

「花鳥十二ヶ月図　一月　梅椿に鶯図」酒井抱一
文政6年（1823）宮内庁三の丸尚蔵館

「花鳥十二ヶ月図　三月　桜に雉子図」酒井抱一
文政6年（1823）宮内庁三の丸尚蔵館

「四季花鳥図巻・下巻」 酒井抱一　江戸時代（19世紀） 東京国立博物館

「花鳥十二ヶ月図　六月　立葵紫陽花に蜻蛉図」酒井抱一
文政6年（1823）宮内庁三の丸尚蔵館

「花鳥十二ヶ月図　八月　秋草に螽斬図」酒井抱一
文政6年（1823）　宮内庁三の丸尚蔵館

「四季花鳥図巻・下巻」 酒井抱一　江戸時代（19世紀） 東京国立博物館

「花鳥十二ヶ月図　十一月　芦に白鷺図」酒井抱一
文政6年（1823）宮内庁三の丸尚蔵館

「花鳥十二ヶ月図　十二月　檜に啄木鳥図」酒井抱一
文政6年（1823）宮内庁三の丸尚蔵館

「四季花鳥図巻・上巻」 酒井抱一　江戸時代（19世紀） 東京国立博物館

「虎図」 岸駒　江戸時代　京都国立博物館

「龍虎図」円山応震　江戸時代　京都国立博物館

「四季花鳥図巻・上巻」 酒井抱一　江戸時代（19世紀） 東京国立博物館

「竹雀図屏風」(右隻)　狩野養信(晴川院)　天保4-弘化3年(1833-46)　静岡県立美術館

「四季花鳥図巻・上巻」 酒井抱一 江戸時代（19世紀） 東京国立博物館

「海棠孔雀図」 呉春（松村月渓） 江戸時代（18世紀） 京都国立博物館

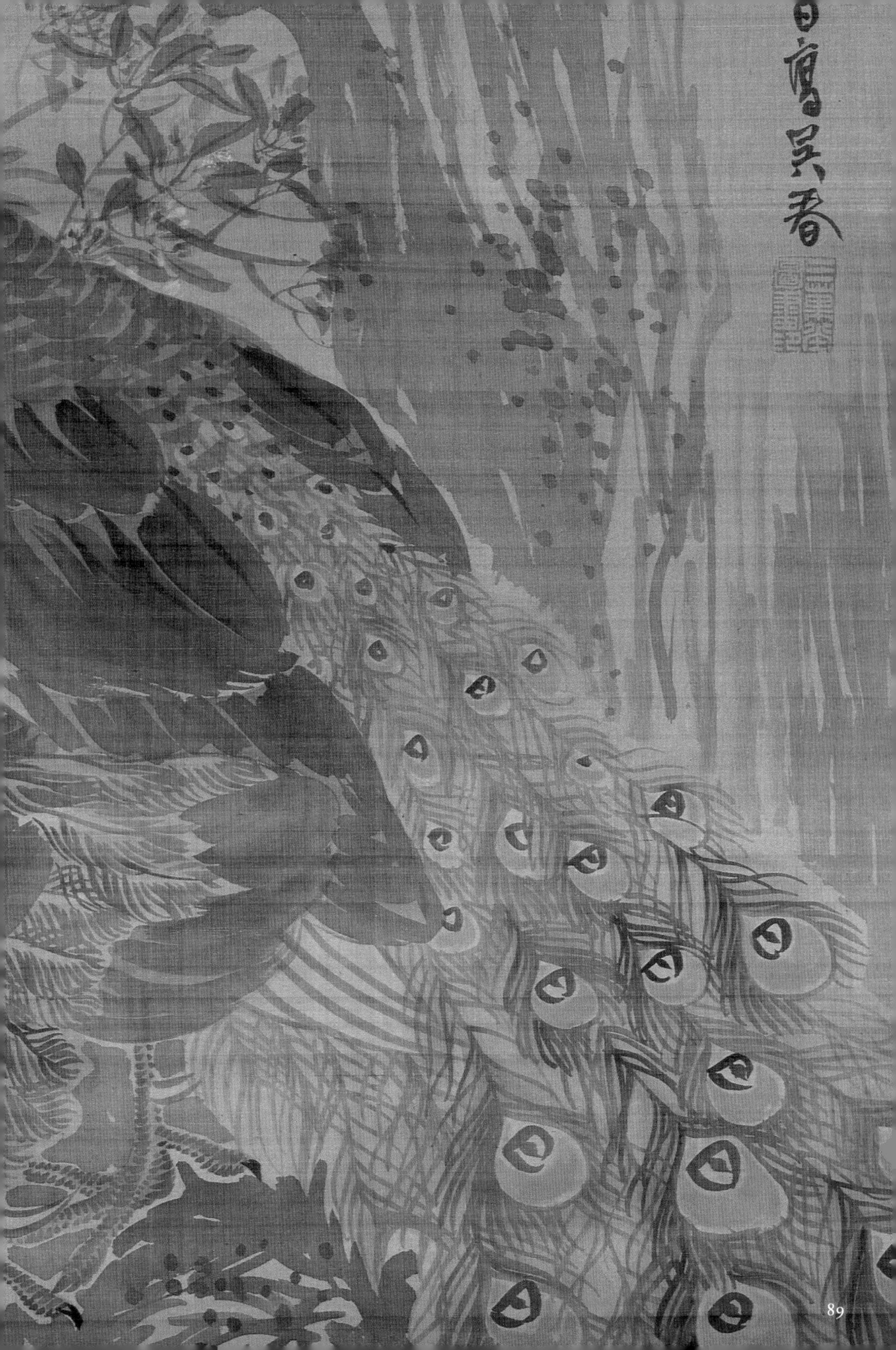
寫呉春

「四季花鳥図巻・上巻」 酒井抱一　江戸時代（19世紀） 東京国立博物館

「双鹿図」 円山応挙　江戸時代（18世紀） 京都国立博物館

「四季花鳥図巻・上巻」 酒井抱一　江戸時代（19世紀）　東京国立博物館

「牡丹孔雀図」円山応挙　安永5年（1776）　宮内庁三の丸尚蔵館

「四季花鳥図巻・上巻」 酒井抱一　江戸時代（19世紀） 東京国立博物館

「花鳥図」岡本秋暉　江戸時代（19世紀）　東京藝術大学大学美術館

「四季草花図」池田孤邨　江戸時代（19世紀）東京藝術大学大学美術館

「四季花鳥図巻・上巻」 酒井抱一 江戸時代(19世紀) 東京国立博物館

「修竹双鶴」瀧和亭　明治23年（1890）東京藝術大学大学美術館

「四季花鳥図巻・上巻」酒井抱一　江戸時代（19世紀）　東京国立博物館

「桐竹鳳凰図」 狩野永岳　御常御殿　上段の間　宮内庁京都事務所

「錦花鳥図・内裏造営粉本」 京都芸術大学芸術資料館

「四季花鳥図・内裏造営粉本」 京都芸術大学芸術資料館

「春夏秋冬花鳥図」 土佐光清　御常御殿　剣璽の間　宮内庁京都事務所

「四季花鳥図・内裏造営粉本」 京都芸術大学芸術資料館

「秋野鶉図」吉田元鎮　御常御殿　御清の間　宮内庁京都事務所

「春夏花鳥図・内裏造営粉本」 京都芸術大学芸術資料館

「花卉図・遊魚図」土佐光文　御常御殿　御寝の間　宮内庁京都事務所

「春夏花鳥図・内裏造営粉本」 京都芸術大学芸術資料館

「四季花鳥図」 鶴沢探真　御常御殿　二の間　宮内庁京都事務所

「秋冬花鳥図・内裏造営粉本」 京都芸術大学芸術資料館

「竹ニ虎図」土佐光文　御常御殿　御寝の間　宮内庁京都事務所

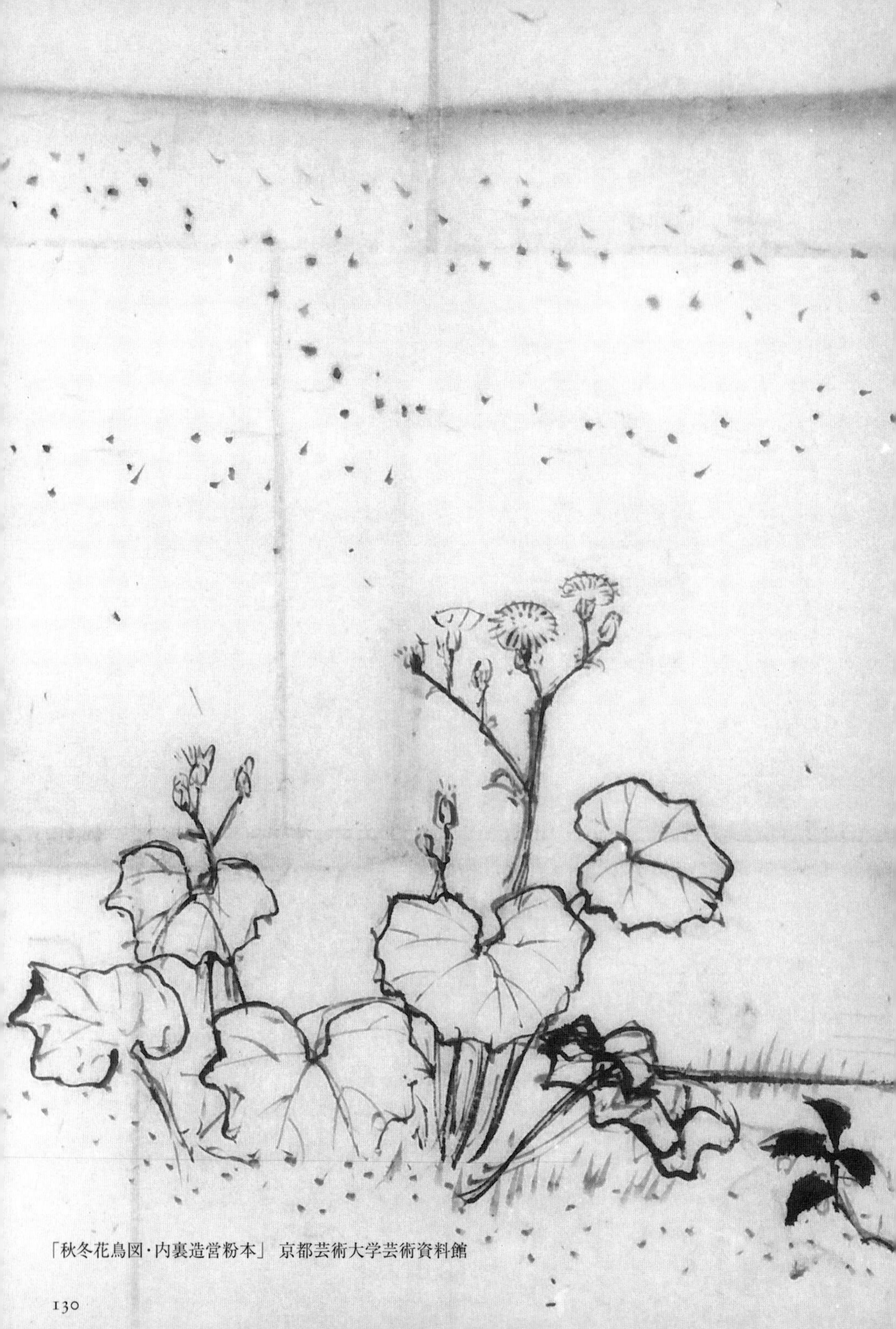

「秋冬花鳥図・内裏造営粉本」 京都芸術大学芸術資料館

「柳ニ鷺図」大口義卿　御常御殿　西御縁座敷北方　宮内庁京都事務所

「竹虎図・内裏造営粉本」 京都芸術大学芸術資料館

「雪中小鳥図」近藤梁渓　御三間　東御縁座敷北方　宮内庁京都事務所

「竹虎図・内裏造営粉本」 京都芸術大学芸術資料館

「春夏花車図」吉田公均　御学問所　北御縁座敷東方　宮内庁京都事務所

「松鷹図」吉田公均　御学問所　北御縁座敷東方　宮内庁京都事務所

「竹虎図・内裏造営粉本」 京都芸術大学芸術資料館

「蕉陰双鶏図」 今尾景年 明治24年（1891） 京都市美術館

「仔猪・下絵」 竹内栖鳳　京都市美術館

「芦水禽図」今尾景年　明治時代　滋賀県立近代美術館

「松上白鷺・下絵」 竹内栖鳳　京都市美術館

「遊鯉図」今尾景年　明治時代　京都国立博物館

「夏鹿・下絵」(右隻)　竹内栖鳳　昭和11年(1936)　京都市美術館

「獅子巌壁」(右隻)　竹内栖鳳　明治37年(1904)頃　豊田市美術館

「蹴合・下絵」 竹内栖鳳　昭和5年（1930） 京都市美術館

「飼われたる猿と兎」（左隻）　竹内栖鳳　明治41年（1908）　東京国立近代美術館

「虎・下絵」 竹内栖鳳　昭和5年（1930）　京都市美術館

「池塘浪静」 竹内栖鳳　明治20年（1887）京都市美術館

「苑池白鷺」下絵」 竹内栖鳳 昭和9年(1934) 京都市美術館

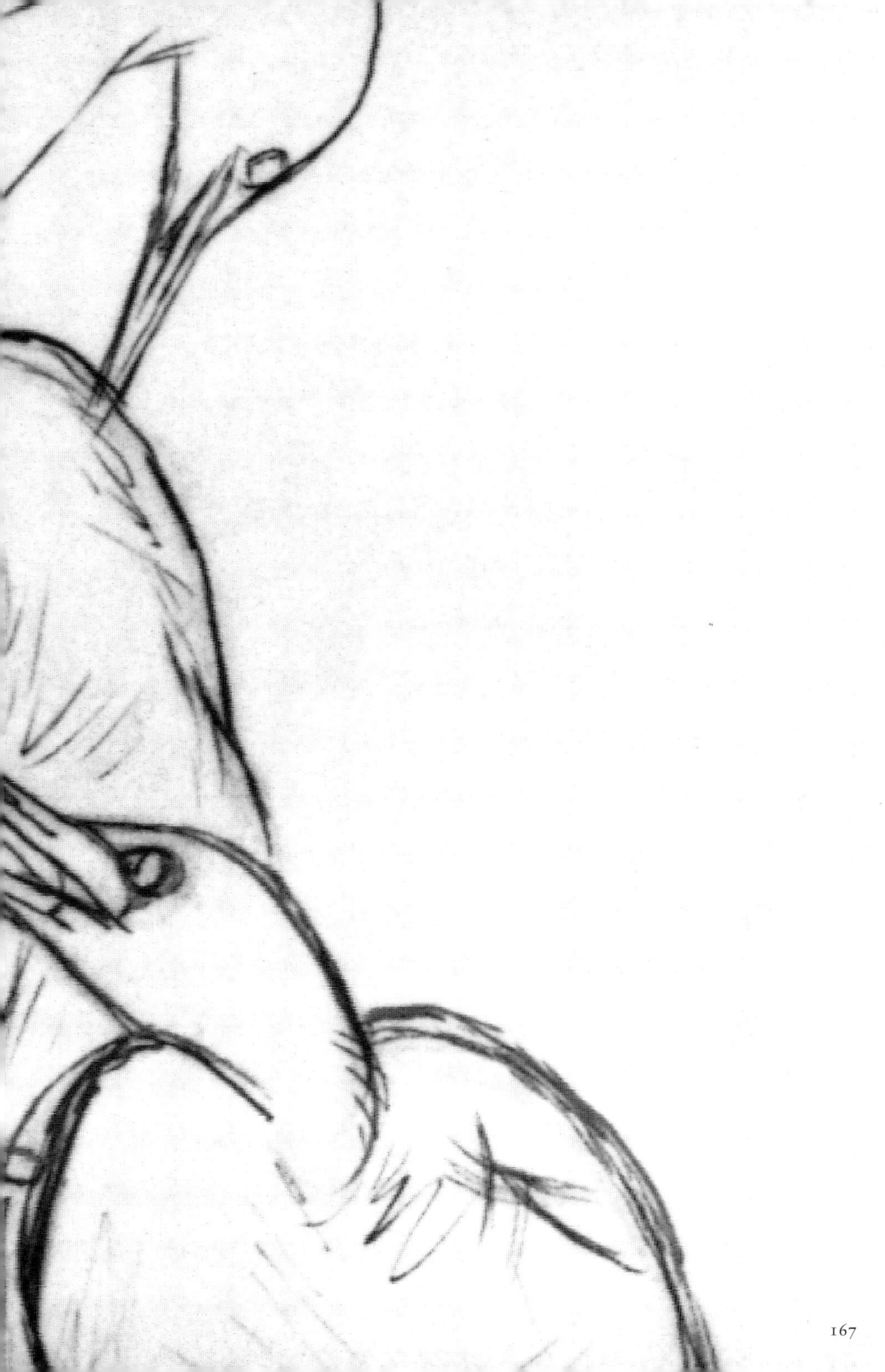

「遊鯉」 竹内栖鳳　明治20年（1887）頃　京都市美術館

「野蔬小禽図」 塩川文麟　京都市美術館

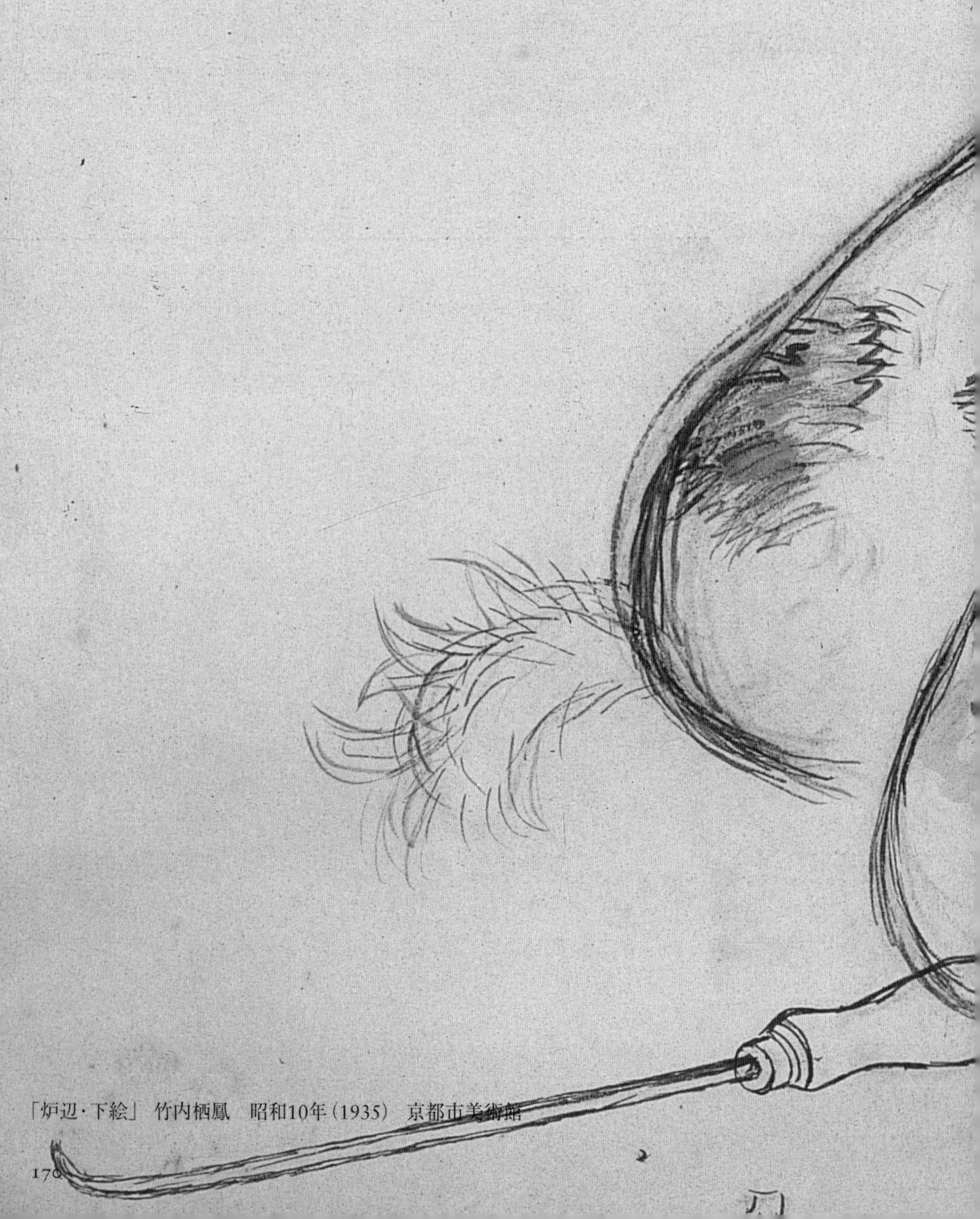

「炉辺・下絵」 竹内栖鳳 昭和10年(1935) 京都市美術館

「群雀図」 岸連山　京都市美術館

「眠郷・下絵」 竹内栖鳳　昭和5年（1930）　京都市美術館

「春秋花鳥図」(右隻) 森寛斎　明治21年(1888) 滋賀県立近代美術館

「家兎・下絵」 竹内栖鳳 昭和14年（1939） 京都市美術館

「猛虎図」(右隻)　岸竹堂　明治28年(1895)　滋賀県立近代美術館

「家兎　三羽・下絵」竹内栖鳳　京都市美術館

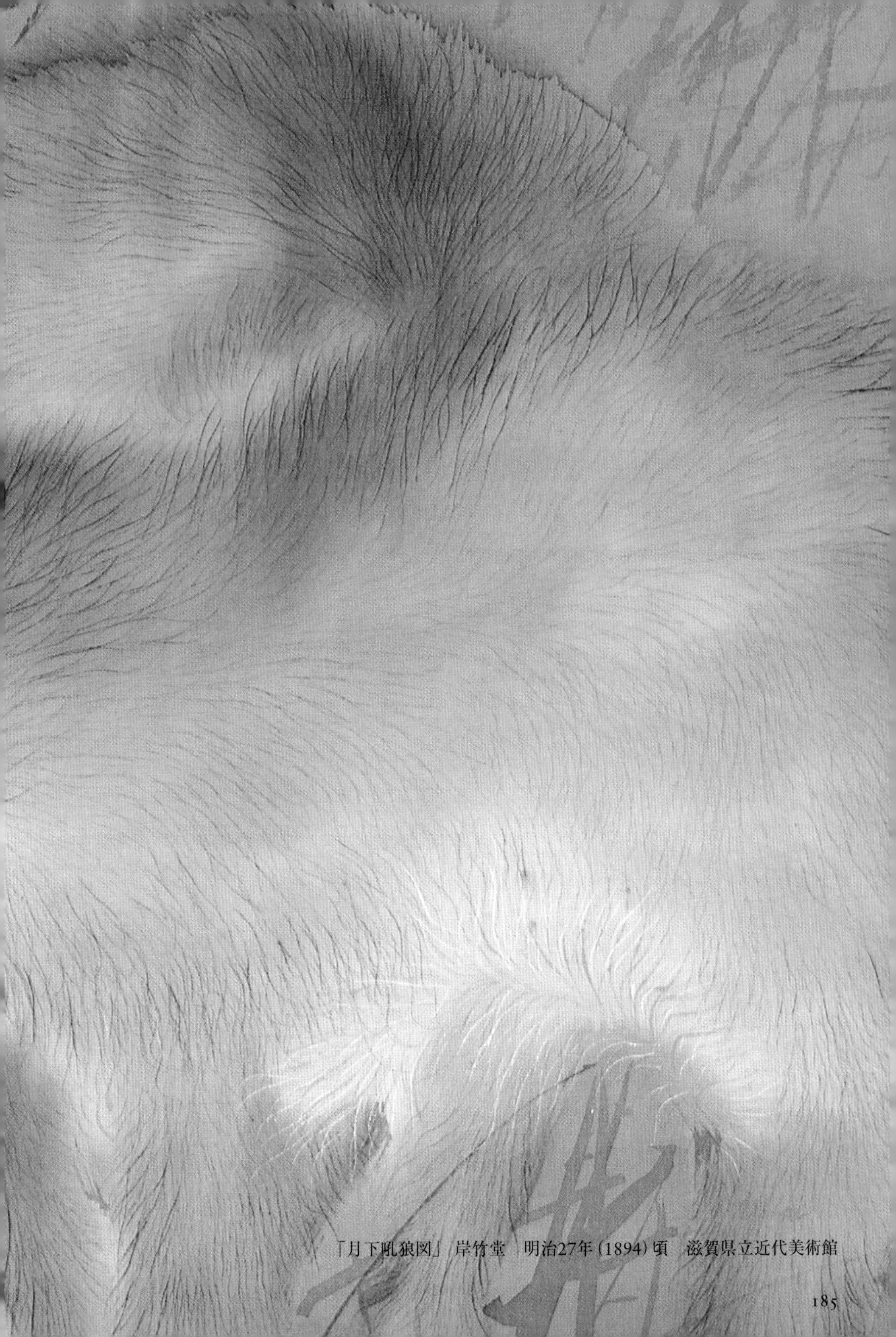

「月下吼狼図」岸竹堂　明治27年（1894）頃　滋賀県立近代美術館

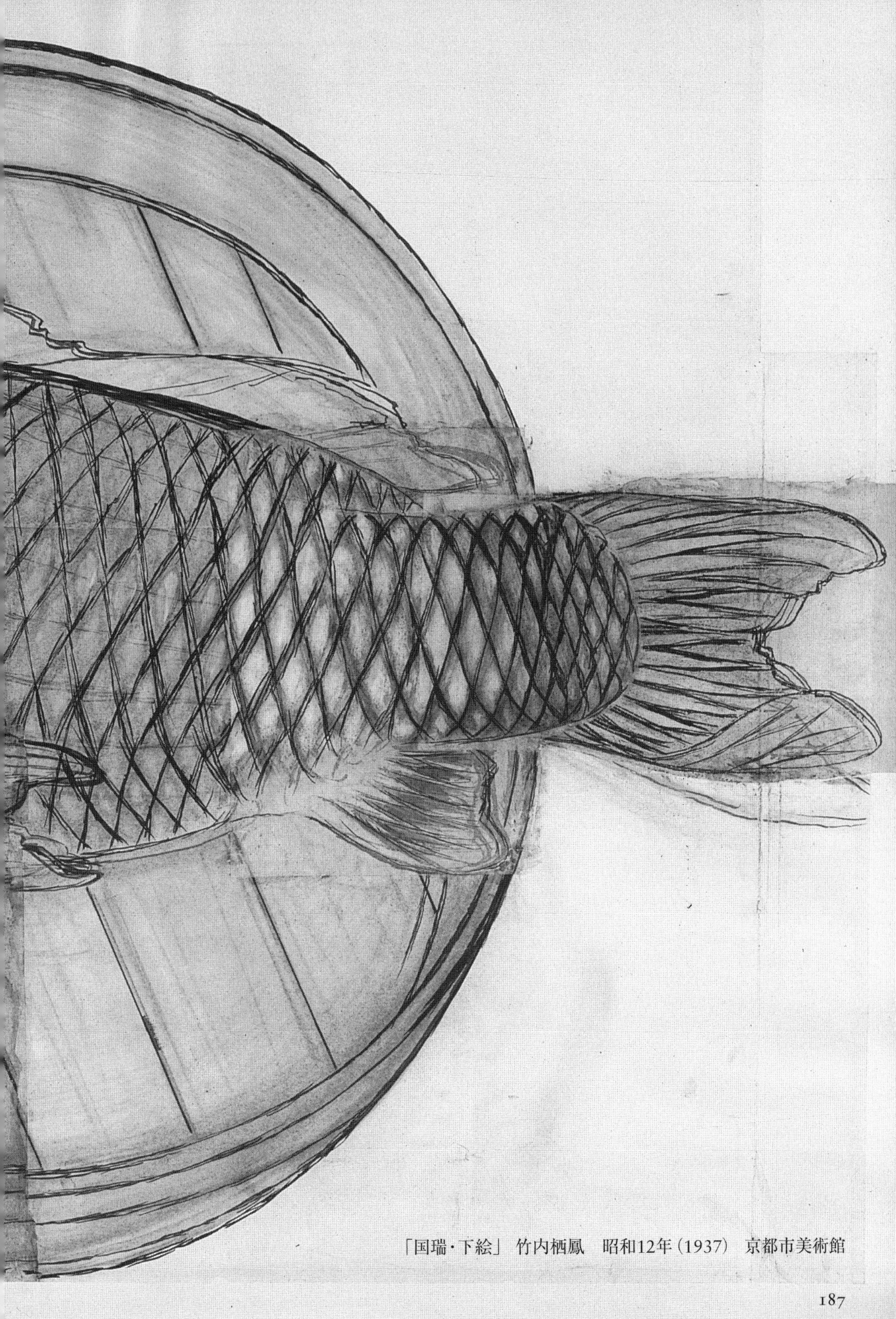

「国瑞・下絵」 竹内栖鳳　昭和12年（1937） 京都市美術館

「柳鷺図」 渡辺公観　滋賀県立近代美術館

「牡丹・素描」 石崎光瑤 京都芸術大学芸術資料館

「鵜鶿図」（右隻）下村観山　明治34年（1901）滋賀県立近代美術館

「牡丹・素描」 石崎光瑤　京都芸術大学芸術資料館

「雪中鴛鴦之図」 渡辺省亭　明治42年（1909） 東京国立近代美術館

「菊・素描」 石崎光瑤　京都芸術大学芸術資料館

「落葉」 菱田春草　明治42年（1909）滋賀県立近代美術館

「菊・素描」 石崎光瑤　京都芸術大学芸術資料館

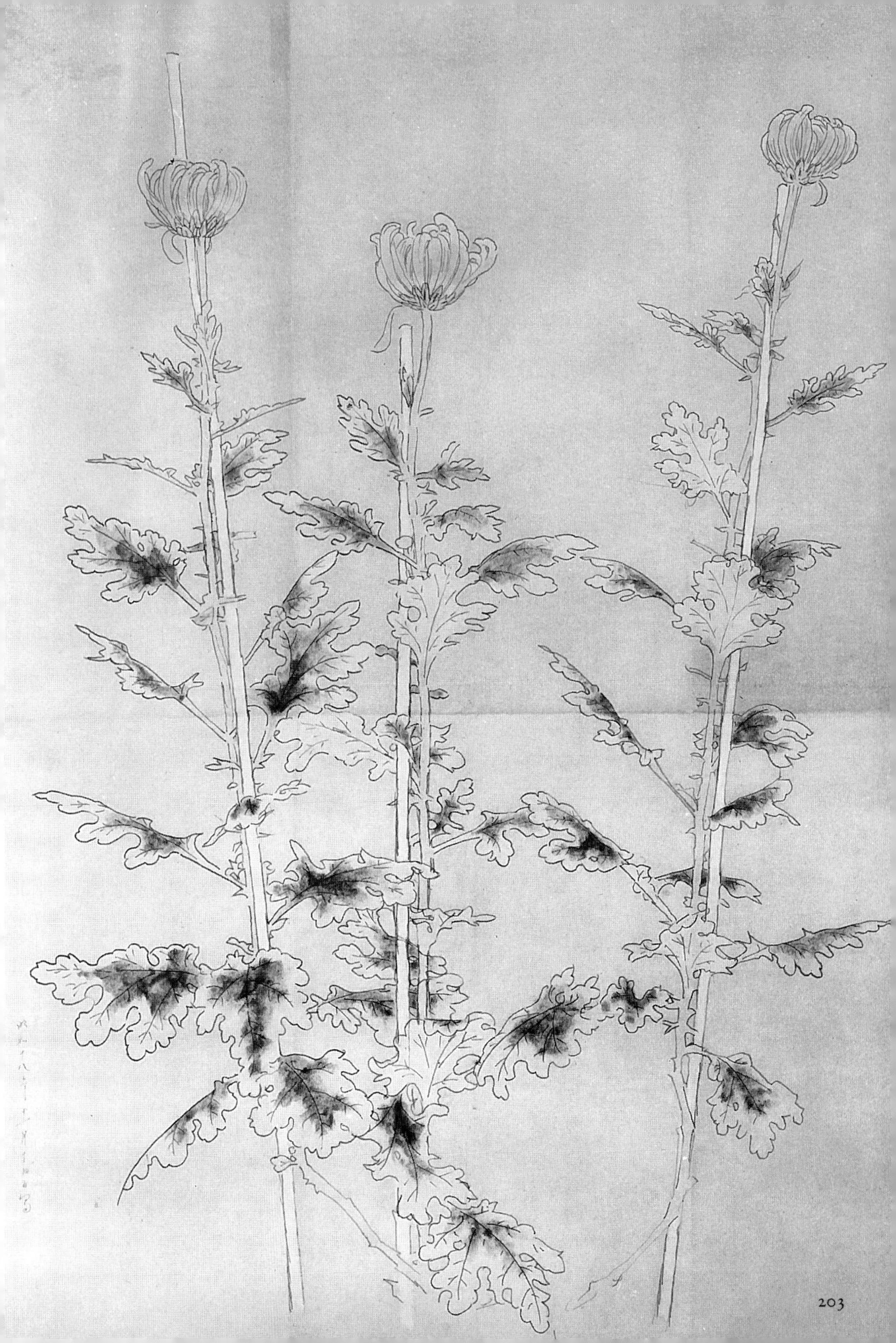

「雀に鴉」(右隻) 菱田春草 明治43年(1910) 東京国立近代美術館

「菊・素描」 石崎光瑤　京都芸術大学芸術資料館

「鹿」菱田春草　明治42年（1909）　豊田市美術館

「桜花群鴉図」菊池芳文　明治後期 京都国立近代美術館

「菊・素描」 石崎光瑤 京都芸術大学芸術資料館

大正八年作
青樹

「四季草花図・冬」小茂田青樹　大正8年（1919）滋賀県立近代美術館

「菊・素描」 石崎光瑤　京都芸術大学芸術資料館

「菊に猫」 速水御舟
大正11年（1922） 豊田市美術館

「暁に開く花」速水御舟　昭和9年（1934）　東京国立近代美術館

「桜・素描」 石崎光瑤　京都芸術大学芸術資料館

「南瓜」山田耕雲　昭和2年（1927）京都市美術館

「桜・素描」 石崎光瑤　京都芸術大学芸術資料館

「熱国妍春」(左隻)　石崎光瑤　大正7年(1918)　京都国立近代美術館

「春蘭・素描」 石崎光瑤　京都芸術大学芸術資料館

「春律」石崎光瑤　昭和3年（1928）京都市美術館

「コウライウグイス・素描」 石崎光瑤　京都芸術大学芸術資料館

「霜月」 石崎光瑤 昭和13年(1938) 東京藝術大学美術館

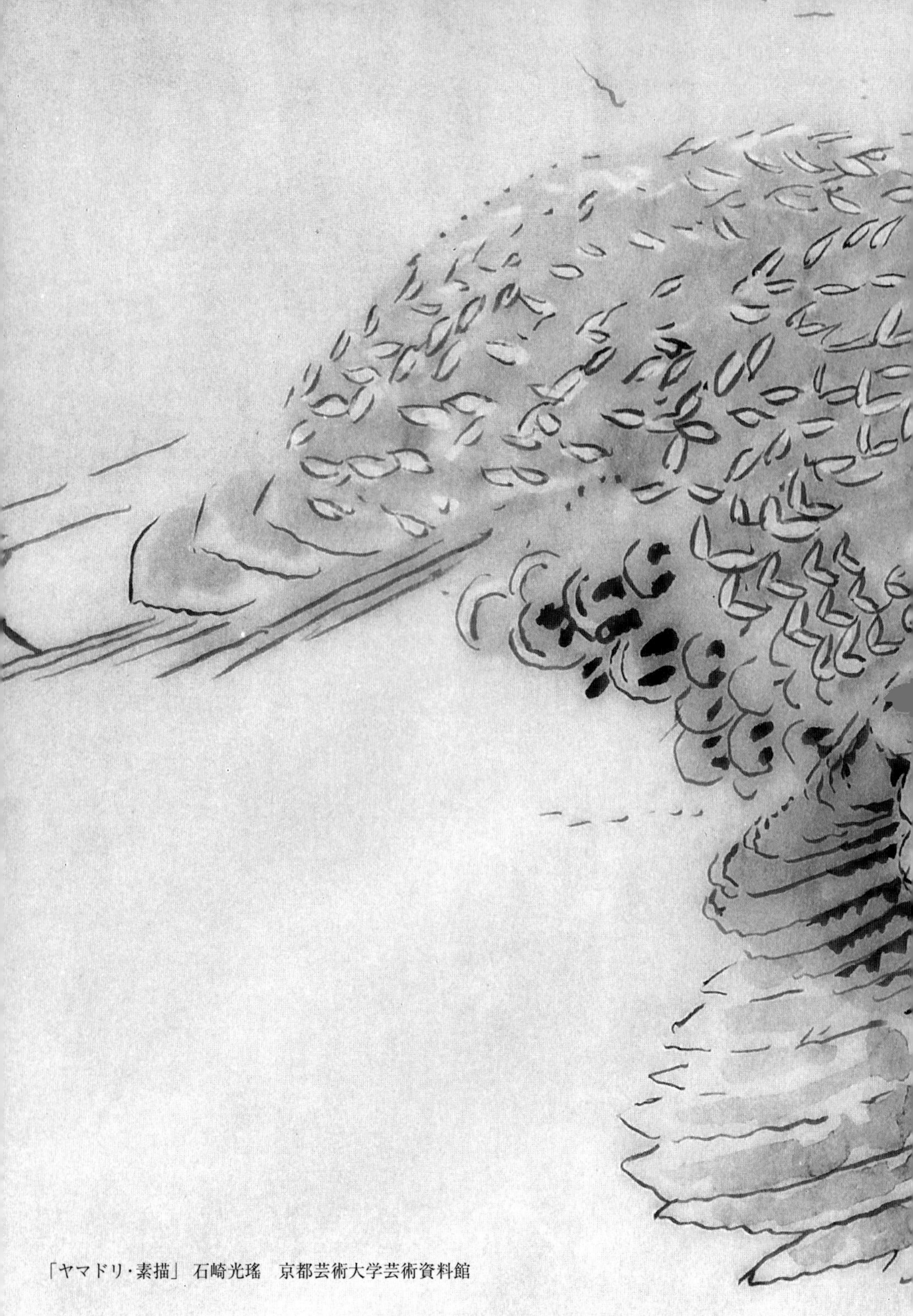

「ヤマドリ・素描」 石崎光瑤　京都芸術大学芸術資料館

「罌粟」 土田麦僊　昭和4年（1929）宮内庁三の丸尚蔵館

「ヤマドリ・素描」　石崎光瑤　京都芸術大学芸術資料館

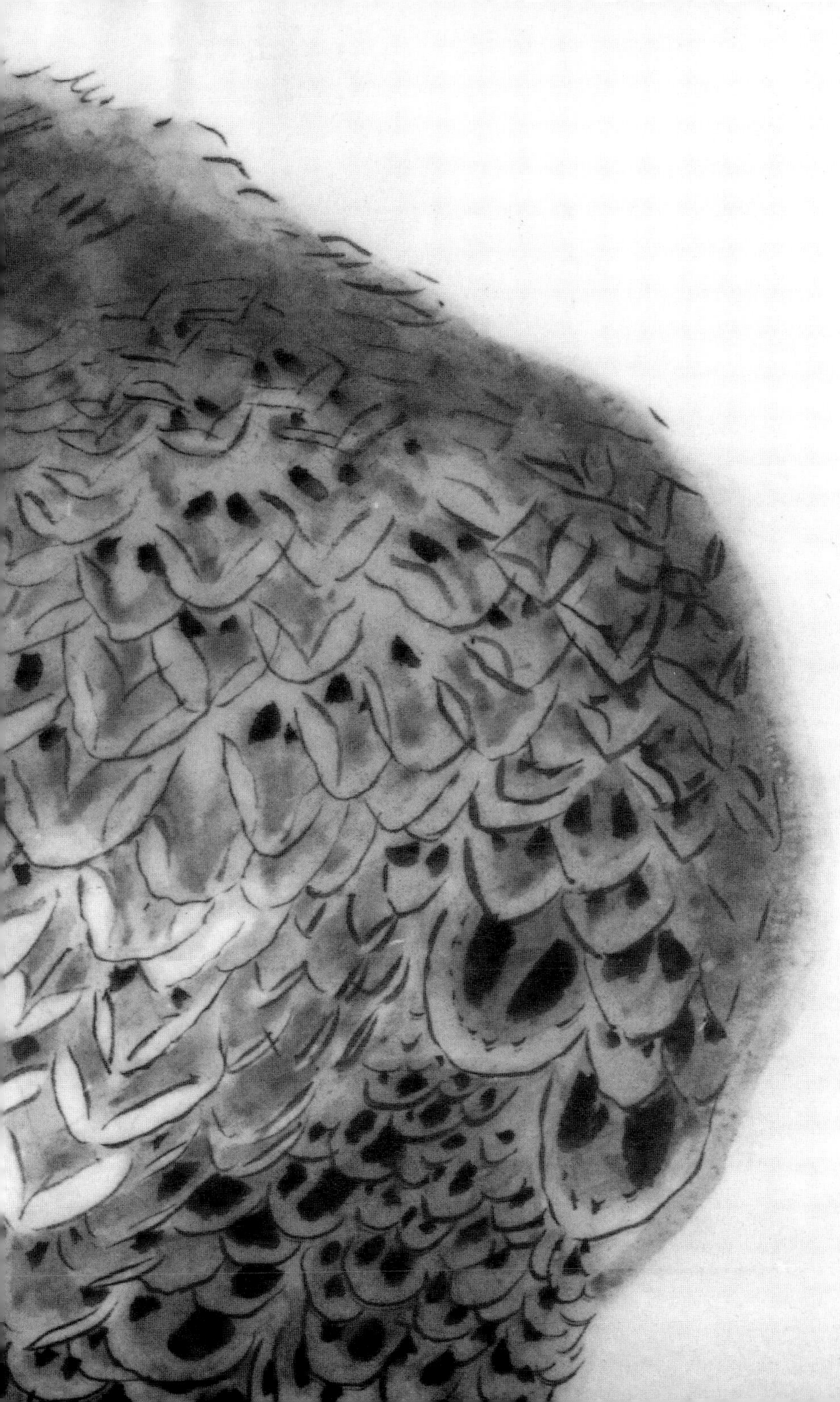

「朝顔」 土田麦僊　昭和4年（1929） 京都市美術館

「ヤマドリ・素描」 石崎光瑤　京都芸術大学芸術資料館

「牡丹花遊蝶之図」 村上華岳　昭和11年（1936） 豊田市美術館

「墨牡丹之図」村上華岳　昭和5年(1930)頃　京都国立近代美術館

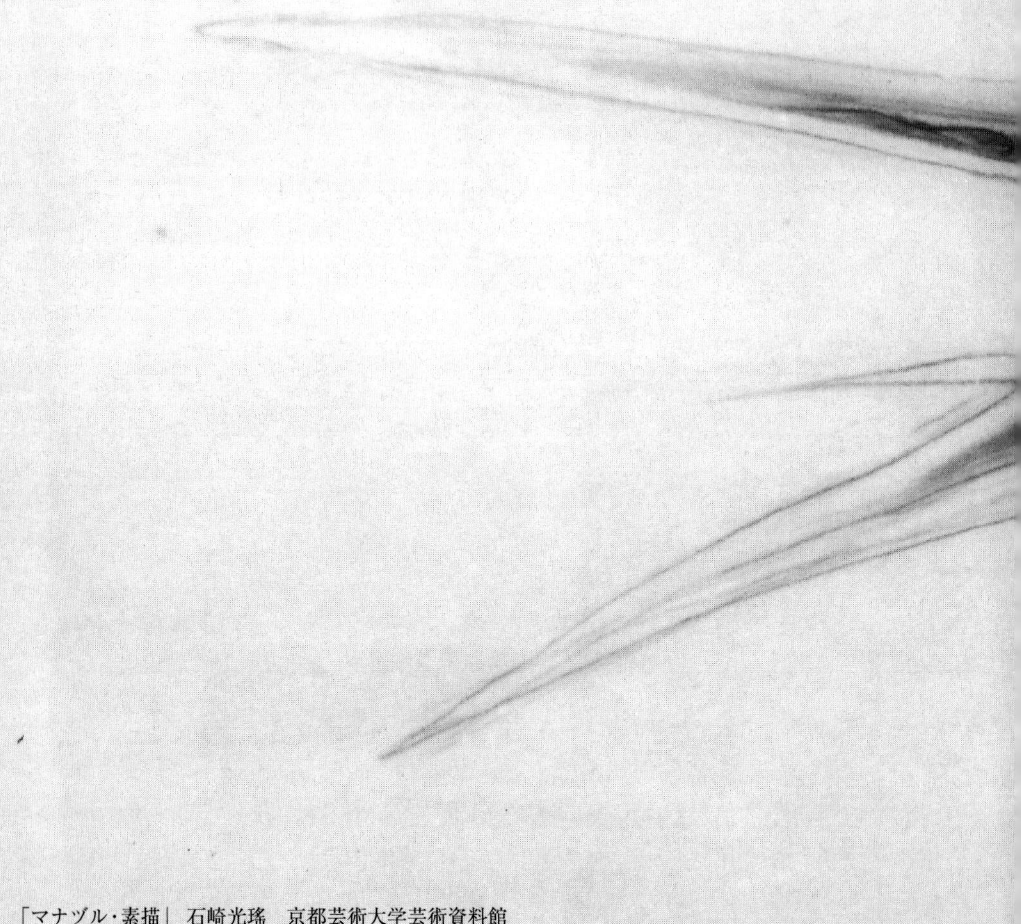

「マナヅル・素描」 石崎光瑤　京都芸術大学芸術資料館

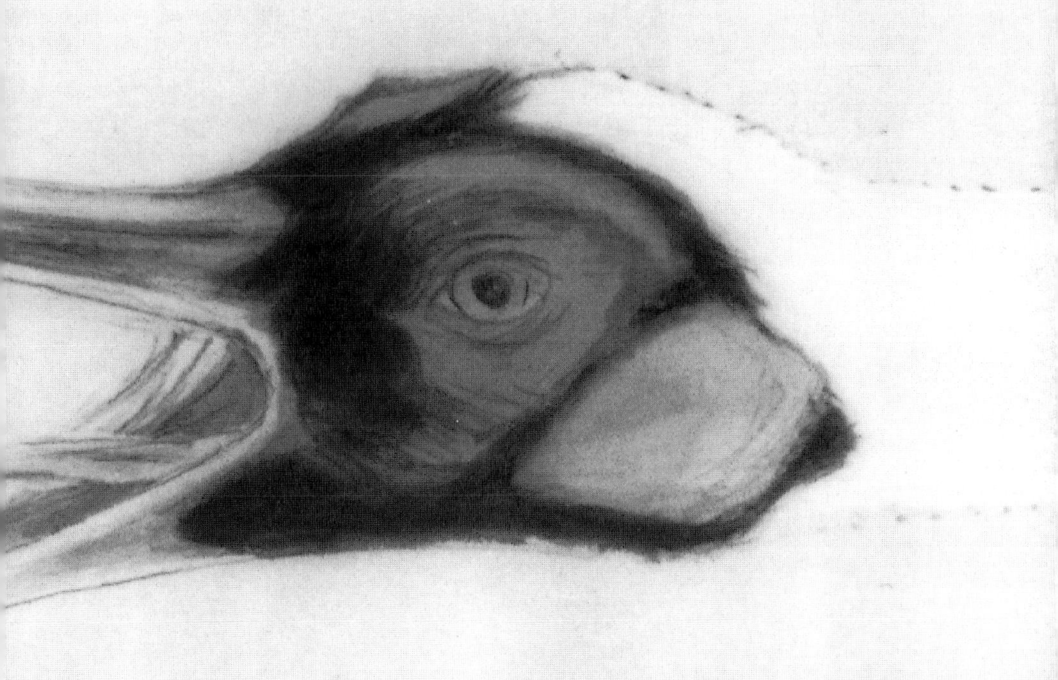

「秋園」加藤英舟　昭和12年（1937）京都市美術館

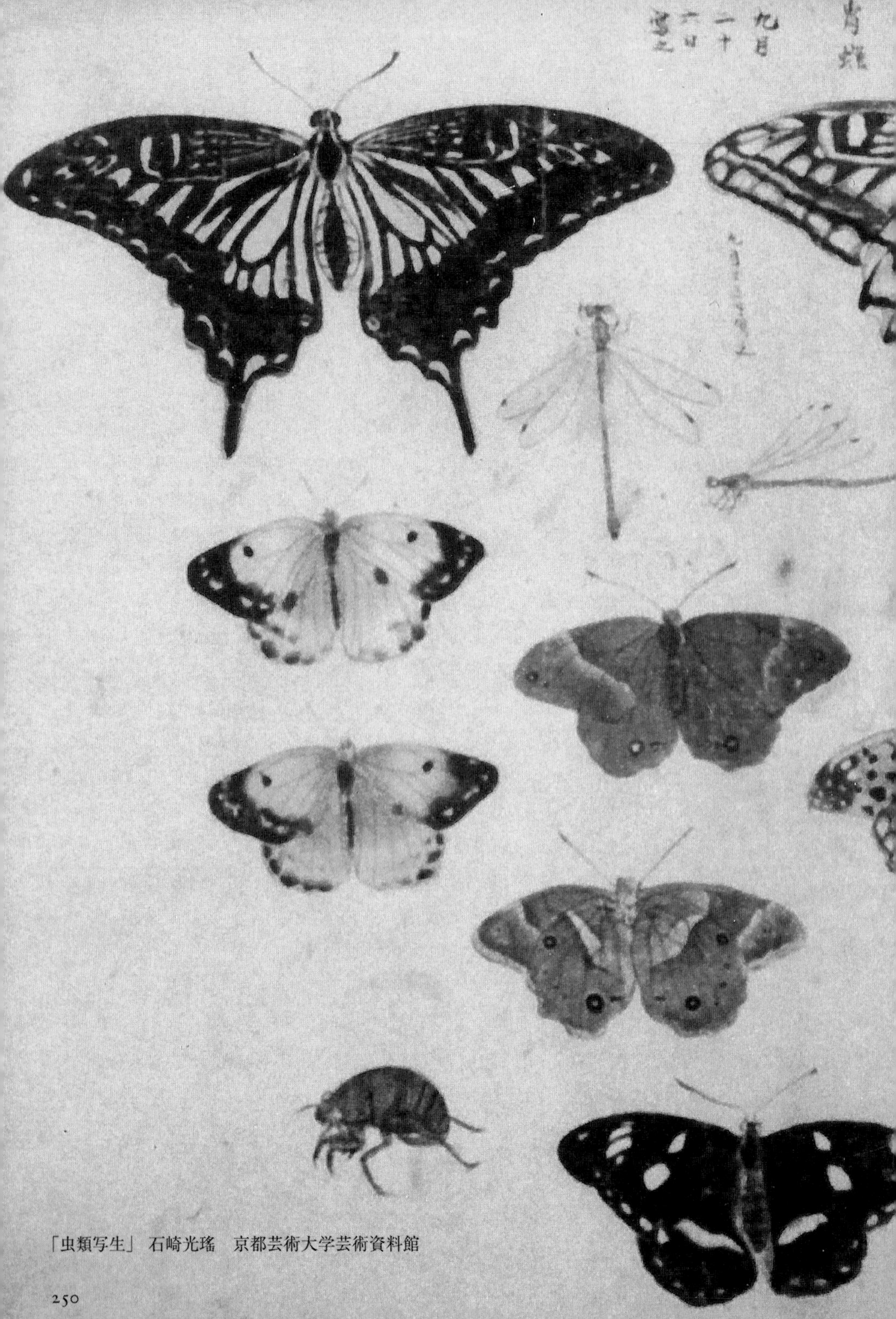

「虫類写生」 石崎光瑤　京都芸術大学芸術資料館

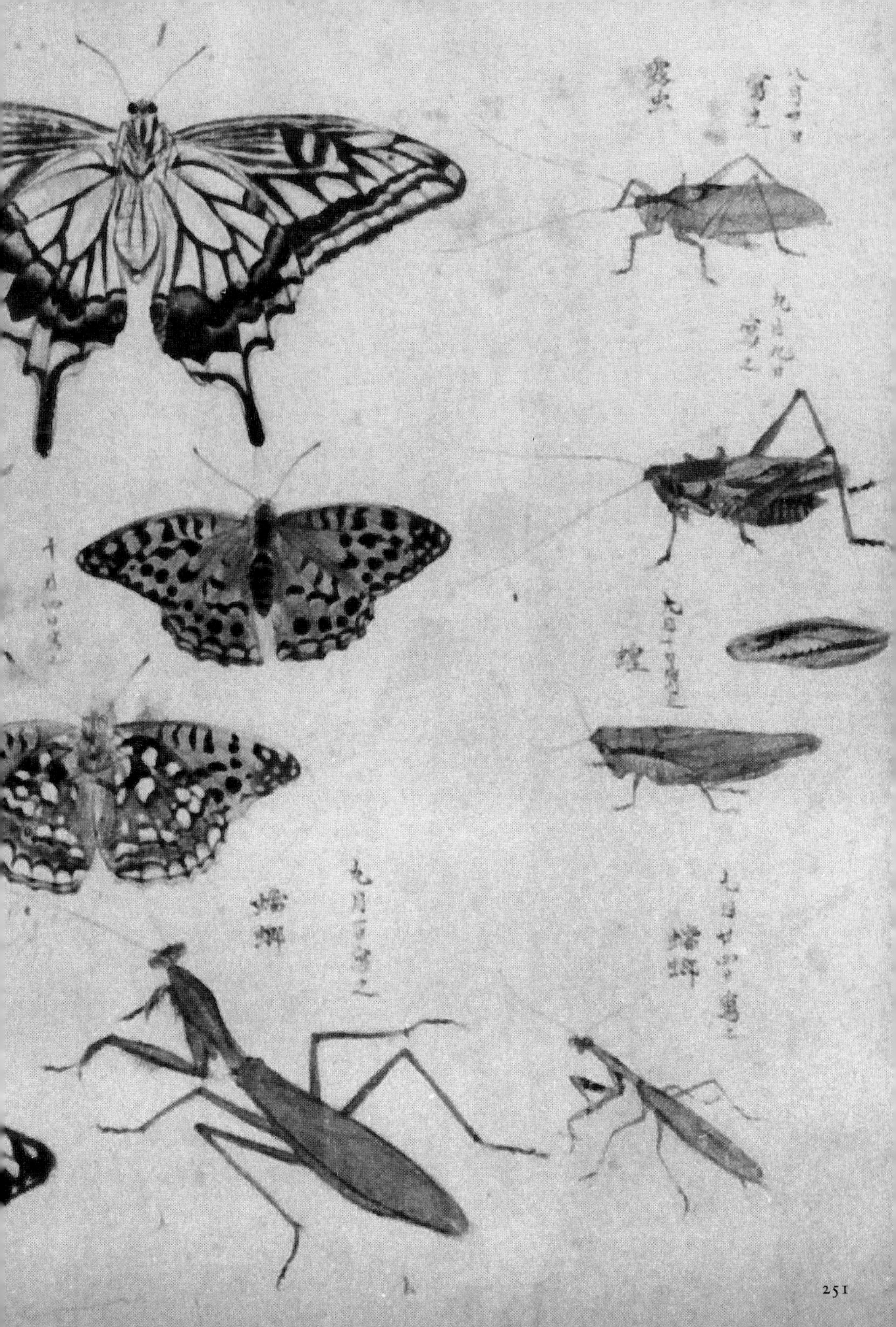

「雪中水禽」 阿部春峰　昭和17年（1942）東京国立近代美術館

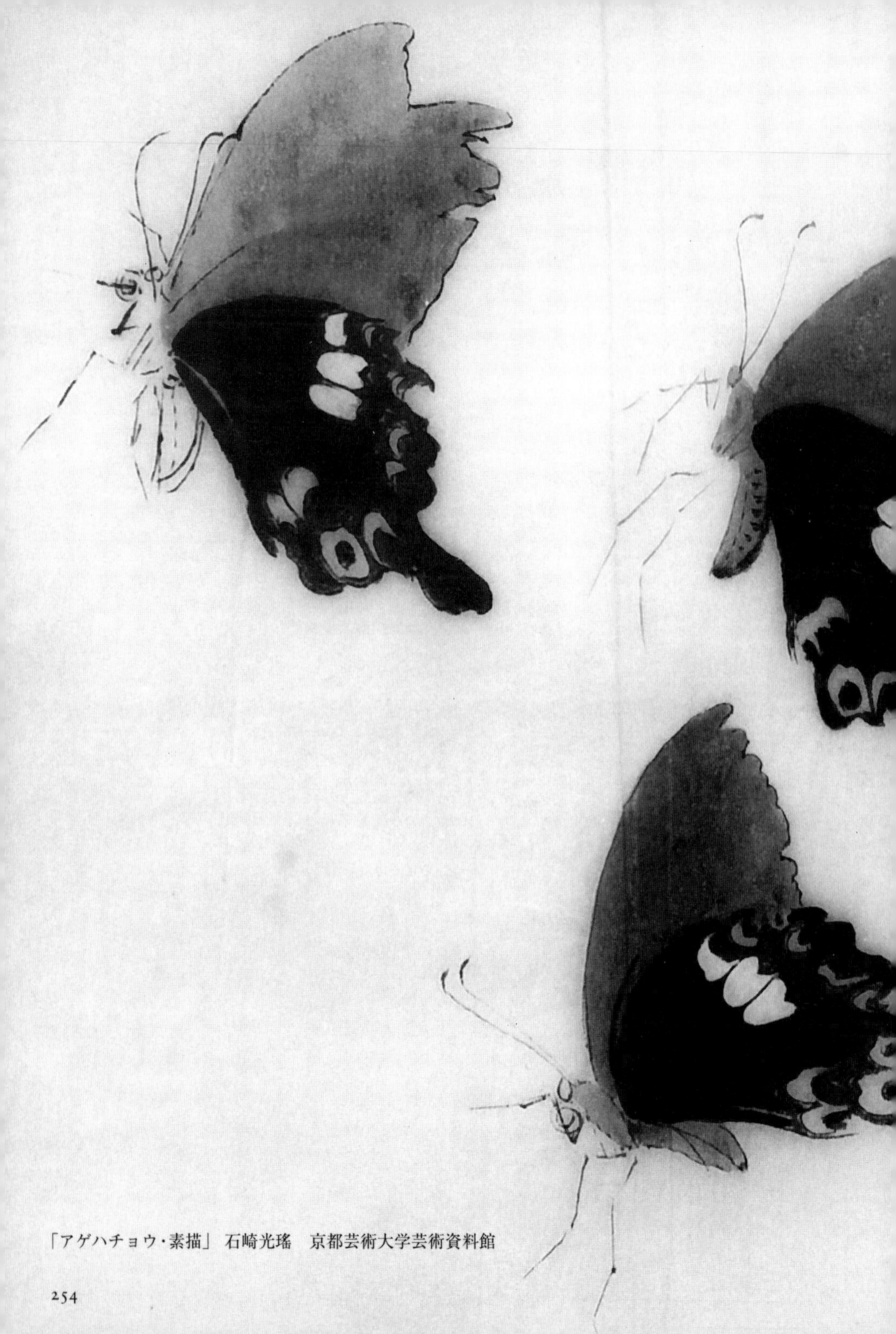

「アゲハチョウ・素描」 石崎光瑤　京都芸術大学芸術資料館

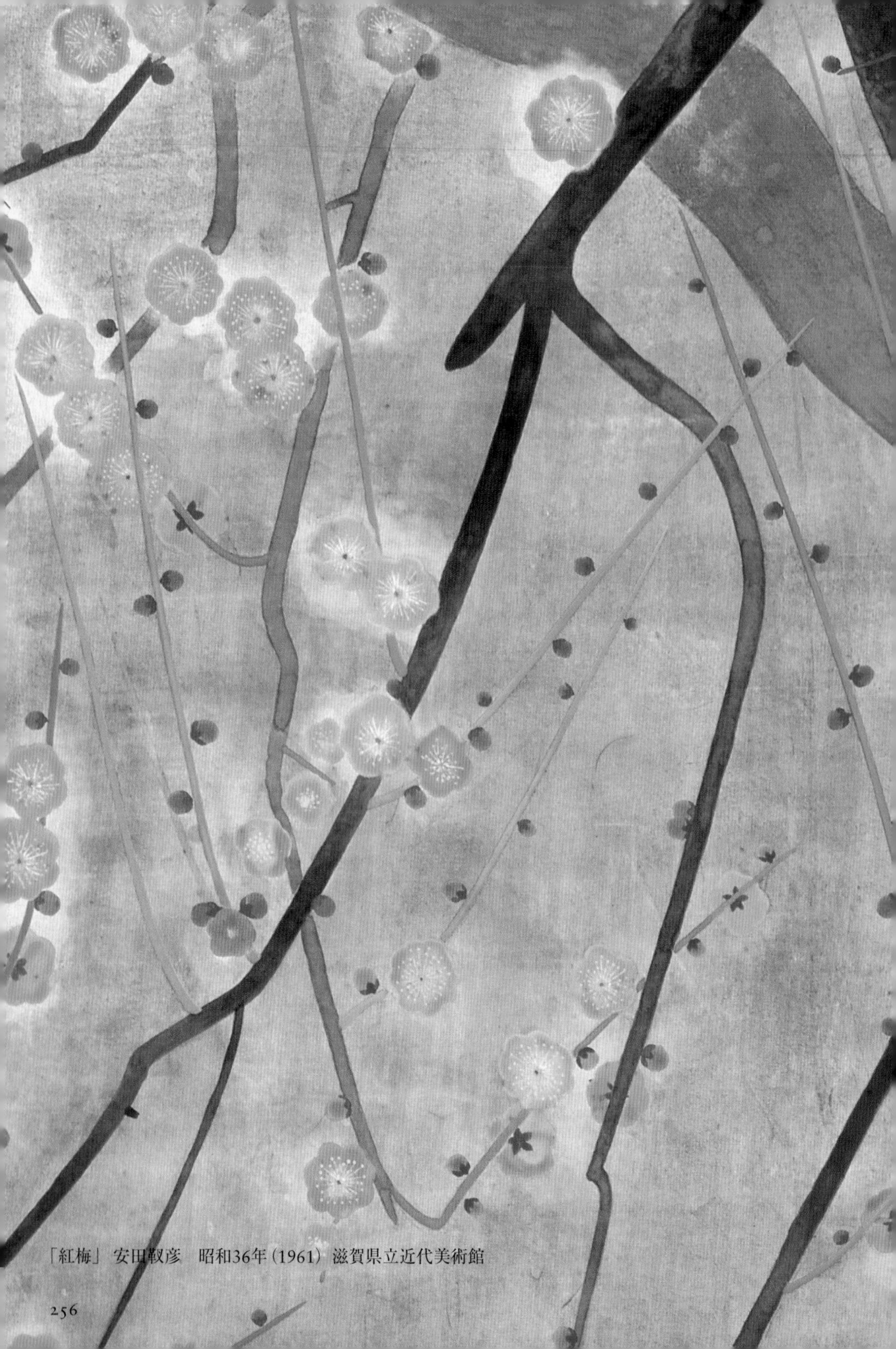

「紅梅」 安田靫彦　昭和36年（1961） 滋賀県立近代美術館

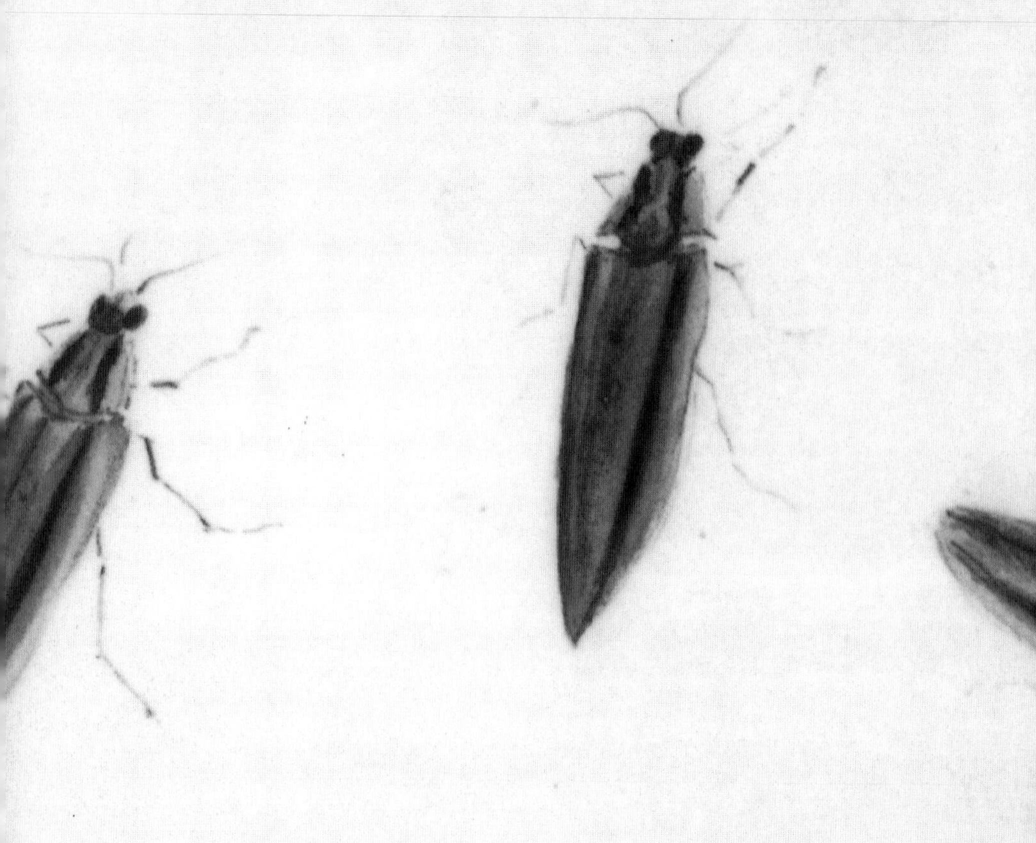

「タマムシ・素描」 石崎光瑤　京都芸術大学芸術資料館

「竹に虎」 歌川国芳 山口県立萩美術館・浦上記念館

「北斎漫画」 十四編　葛飾北斎　山口県立萩美術館·浦上記念館

秋貞

「名所江戸百景　蓑輪金杉三河しま」歌川広重　山口県立萩美術館・浦上記念館

「名所江戸百景　深川洲崎十万坪」歌川広重　山口県立萩美術館・浦上記念館

「北斎漫画」 初編　葛飾北斎　文化11年(1814)　山口県立萩美術館・浦上記念館

「松にいんこ」歌川広重　山口県立萩美術館・浦上記念館

花鳥画の意匠

——— 榊原吉郎

染織
漆工
金工
陶磁

花鳥画の意匠

榊原吉郎

花鳥を描き出すことにより、日本人が生活の様々な場に潤いを齎せてきたことは歴史が物語っている。しかし花と鳥が一緒になって歴史上に登場するのは奈良時代になってのことであり、日本列島に居住した人々の歴史に比べればそう古いことではない。奈良時代以前の縄文・弥生・古墳時代には「花鳥」という形式を見出しにくいからである。つまり「花」と「鳥」とが同時に表現されたものが見出せるのは正倉院御物の中であり、縄文土器や弥生土器に「花」と「鳥」とが一緒には現れない。須恵器には「鳥」が表現されており、埴輪に動物が表されているが「花」を見出すことはできない。須恵器を創りだした人々の意識の中で「鳥」は重要な意味を持っていたには違いないが、その内容はよく判らない。その意味内容を憶測できるのは、神話伝承に語られた三本足の鳥である八咫烏からであり、どこか異常な力が働く鳥の存在を意識していたからであろう。

中国では太陽の中に三足の鳥＝烏が棲んでいると古くから考えられてきている。湖南省長沙で発掘された馬王堆遺跡から絹に描かれた烏は太陽のシンボルであり、漢代の画像石に残る三足烏も太陽の中に描かれる。わが国では熊野大社の神鳥も三本足であり、「烏点宝珠」の中に生きている。この三足烏が現代に甦っている。日本サッカー協会の紋章が三足烏であることを想起してもらえばよい。では花や鳥を用いて日本人が画像を用いて表現したかった意識は何処にあったのだろうか？　この意識を画像から読み解くことは難しく、ことばに定着した表現、つまり日本文学に頼らざるを得ない。

鳥が運んでくる植物に注目した人々の意識が歌い継がれてきたのは万葉集であり、そこに鳥を詠むとして、「梅の花咲ける岡辺に家居れば乏しくもあらず鶯の声」(一八二〇) に続く「春霞流るるなへに青柳の枝くひ持ちて鶯鳴くも」(一八二一) の一首がある。梅花と鶯、柳と鶯とを結び付けている。この二首は作者未詳とされており、庶民の詠んだものであろう。梅が咲き、鶯の鳴き声を心豊かに聞き取り、春の鳥である鶯が芽生えた柳の枝を咥えて飛ぶ瞬間の姿を捉えている。ここで注意しておきたいことは季節と花や鳥との関係であり、梅花に鶯、若葉の鶯と春の喜びを歌う意識である。万葉集の頃から季節感を表現する意識が存在してきたことである。季節の移り変わりを敏感に意識する感性の存在である。花や鳥を介して自然の生命力を看取し歌に詠ってきた国民性である。

梅に鶯の取り合わせは今日でも共感できるのだが、青柳を咥えた鶯となるとどこか違和感が付き纏う。漢詩の匂いが漂い。この歌を詠った人物の教養が色濃く滲み出ているように感じられる。これは万葉研究者も指摘するところである。ともかく、まず漢字を習得し

「白練貫地草花文様段片身替小袖」 重文
桃山時代（16世紀） 京都国立博物館

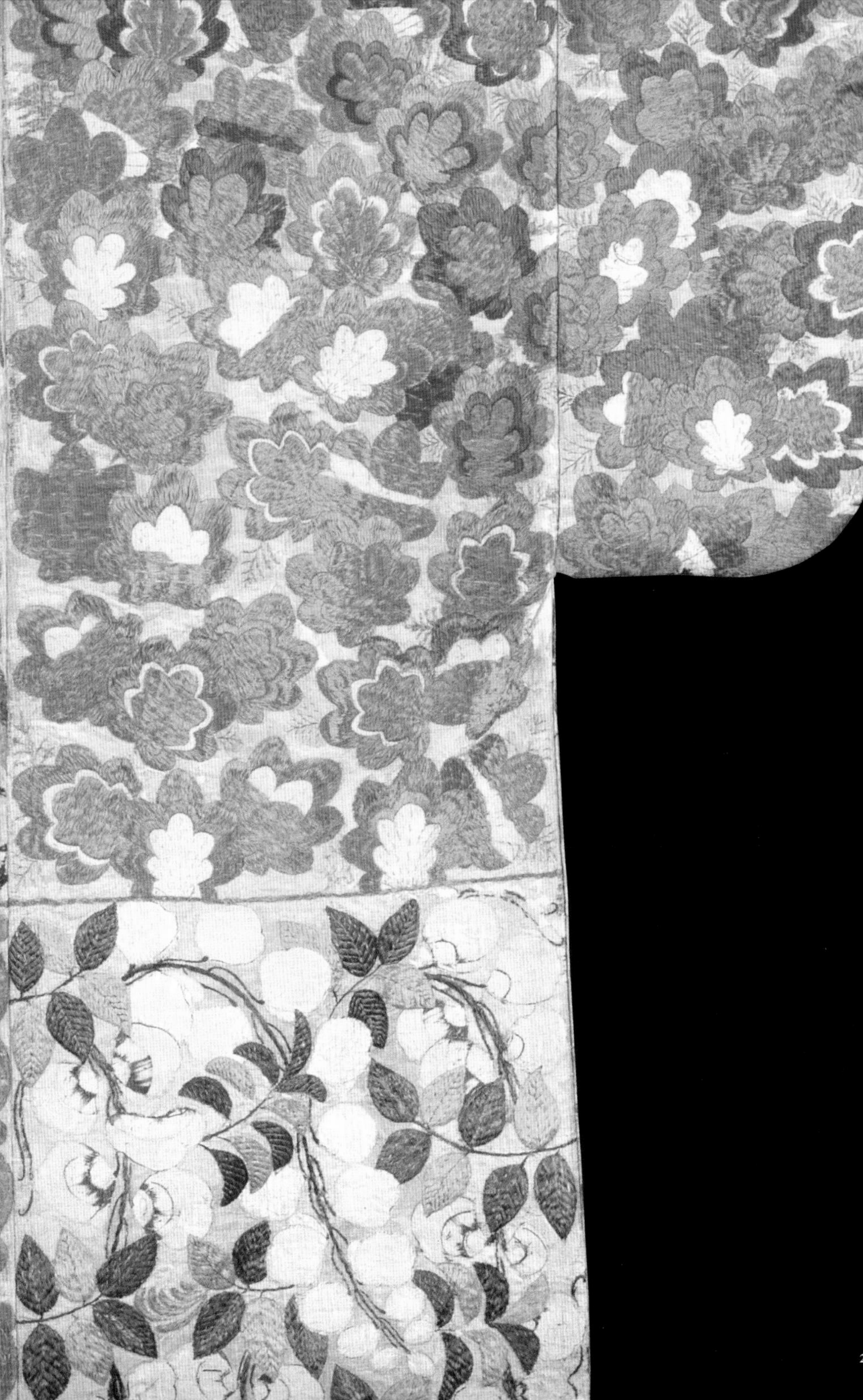

日本人のことばとして表記できる道具にまで習熟する時間を考えると、その間に様々な変化が連続したであろうことは疑えない。

日本人はどこか花や鳥に関心を抱いていたことは疑えない。花になにか先触れや前兆を看取していたことを、折口信夫も「花の話」で指摘している。稲の花をシンボルとして執行する祭りが三河の地に残り、豊穣を祈念する祭りであろう。早くから花に実りを求める心情が日本列島の各地で広がっており、屋敷内に櫻を植え家櫻として稲の実りを占ったことも知られている。

旧石器時代のネアンデルタール人が死者の周りに花を添えていたことを考古学者が化石となった花粉の存在から証明したことは知られており、その行為は現在に至るまでも続けられている。

花を以て死者の霊を鎮める行為が人間の意識の根底に流れてきたのであろう。しかし、いつしか死の影から離れた華やかな意識を形成するようになり、花に独自の意識を抱くようになってきた。

正倉院御物には花鳥が装飾文様として登場してくる。「花喰鳥」「含綬鳥」であり、唐草に取り囲まれた鳥たちである。中国の唐代文化を受容する道程の中で成立してきたと想定することができるが、その文化の内容をよく理解した上で受容したのかどうかを明らかにすることは難しい。「花喰鳥」が表現された象牙の碁石が遺されている。この石を用いて囲碁を楽しんだ人々は花喰鳥が何者であるかかんがえていただろうか。「花喰鳥」の起源は中国より西の方に求められており、西方からの刺激を受けた中国の人の手により中国化された形態がわが国に伝えられてきたのである。

井上正は「花鳥意匠の基本思想」において、花喰鳥に中国的思想である神仙思想やペルシアのパラダイス思想が存在することを認めている。万葉集の中で「花喰鳥」を詠った歌は先の一首にすぎず、舶来意識による作詩であったと考える。しかし額田王が「冬こもり　春さりくれば　鳴かずありし鳥も来鳴きぬ　咲かずありし花も咲けれど」と詠うとき、ここには花と鳥が自然の変化にしたがって咲き出し、歌いだすことを実感していた人々の意識の存在を確認できる。わが国の「花鳥画の意匠」、つまり花や鳥を同時に描き出す意識が成立したのは七世紀の中頃と推定しておきたい。

花と鳥を描き、意匠として自由自在に駆使するに至るのは平安時代以後のことであり、その工藝遺品に多く見出される。その背後には詩歌が常に意識されている。「芦手絵」と称される意匠は装飾文様として貴族の趣味嗜好を表している。装飾文様の中に文字を取り込み、図柄と文字から歌の主題や読み手を推定しようとする遊戯性がある。文学と工藝との交わりが貴族の楽しみとなっていたのである。この趣味の世界は鎌倉・室町更に江戸に至るまで連続していた。

平成十一年の秋、京都国立博物館で開催された特別展『花洛のモード』の会場を歩いていて、「花」と「鳥」が同時に文様の中に表現されることが少ないということに気づいた。「花」と「鳥」とが別々に表現されている意匠は多いが、両者が一緒に表現されている作例が少ないのである。何故だろう、簡単に結論付けることはできない。衣服には「花」と「鳥」が同時に表現しにくい理由が存在したのだろうという、推測しかない。技術面からは絵画表現に近づいた友禅技法が開発されており、さほど難しい問題はないはずなのだが、今後の課題として残るところである。

「都の町風も時世のうつりかはりて、時々のはやりそめも五年か八年の間に皆すたり」と元禄五年出版の『女重宝記』を引用したこの展覧会図録には、展示された小袖、能装束、打掛、胴服、羽織、陣羽織、具足下着、振袖、小袖直しの打敷、帷子、掻取、腰巻、小直衣、狩衣などが図版として記録されている。この衣服の中で「花」と「鳥」とが同時に表現されているのは、「菊に芦水鳥文様縫箔」の能装束、「染分櫻花に松鶴文様」小袖、「束ね熨斗文様」の振袖、「松に千鳥文様」小袖、「水辺に春の花鴛鴦文様」振袖、「鶴に藤文様」振袖、「垣に菊芙蓉鶴文様」掻取、「岩に牡丹尾長鳥文様」掻取、「籬に菊椿燕文様」掻取、「瀧に鼓皮草花文様」振袖、「花亀甲に七宝松竹梅飛鶴文様」腰巻などであり、意外に少ない。

また同時に「小袖雛形図巻」「万治四年御画帳」「寛文三年御絵帳」「御ひいなかた」「今様御ひいなかた」「友禅ひいなかた」「正徳ひいな形」「雛形祇園林」「当風美女ひいなかた」「雛形染色の山」「当流模様雛形都の春」など今日のデザインブックといえる文様集が採録されているが、ここでも「花」と「鳥」が一緒に登場することが少ない。

「今様御ひいなかた」の春巻には紅白梅に鶯が止まる図柄があるが、鶯を文字で表し、鳥そのものを描き出していない。これは「芦手絵」の伝統を継承した意匠も粋な試みであったと考えられる。「雛形祇園林」には芦に水鳥を配した意匠が見られる。「花」と「鳥」がもっと自由に表現されていたのではないかと想定していたのであるが、残念ながら外れてしまった。絵画表現に近い意匠が登場してくるのは明治以後の近代のことになるのは確かなことである。

「浅葱金茶段秋草文様唐織」
江戸時代（18世紀） 京都国立博物館

「百撰飛那形」 京都府立総合資料館

「百撰飛那形」 京都府立総合資料館

「黒綸子地菊水模様絞縫箔小袖」
江戸初期　国立歴史民俗博物館

「志き嶋もよう」 京都府立総合資料館

「百摺飛那形」　京都府立総合資料館

「浅葱縮緬地文字雪持南天模様染縫振袖」
江戸後期　国立歴史民俗博物館

「百撰飛那形」京都府立総合資料館

「百撰飛那形」 京都府立総合資料館

「紅綸子地松竹梅蓬萊文様打掛」
江戸時代（19世紀） 京都国立博物館

「志き嶋もよう」 京都府立総合資料館

「志き嶋もよう」 京都府立総合資料館

「花鳥蒔絵螺鈿角徳利」 桃山時代（16世紀） 京都国立博物館

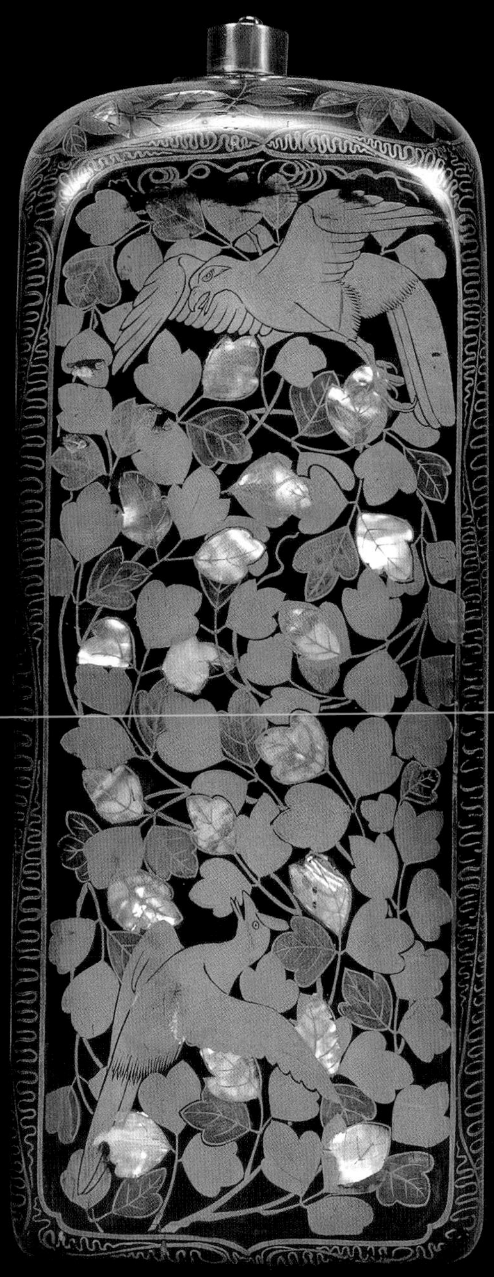

「起立工商会社工芸下絵」 東京藝術大学大学美術館

「桔梗蝶菊桐紋蒔絵広蓋」 桃山時代（16世紀） 京都国立博物館

「起立工商会社工芸下絵」 東京藝術大学大学美術館

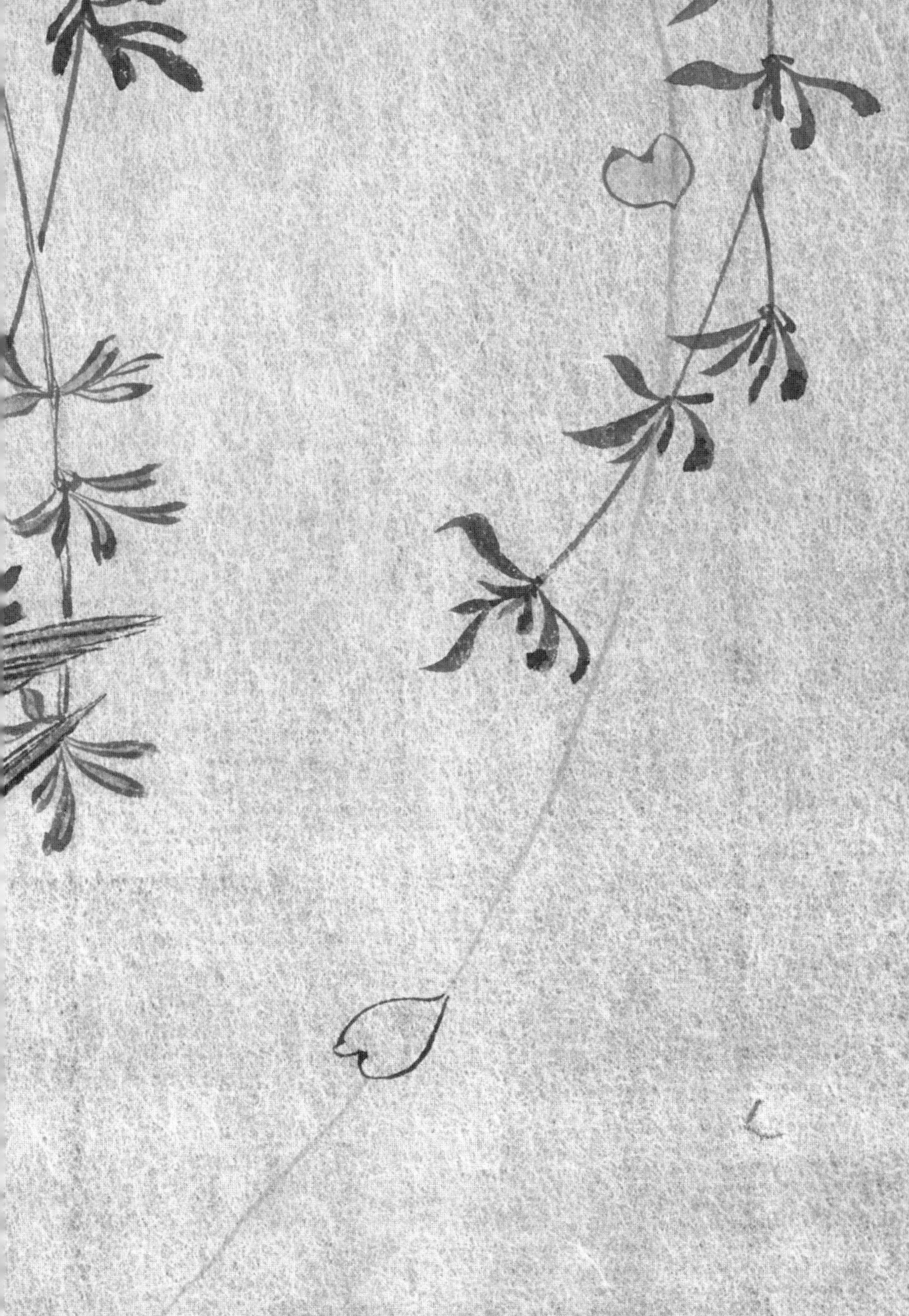

「南天漆絵盆」
江戸時代（18世紀）
京都国立博物館

「起立工商会社工芸下絵」 東京藝術大学大学美術館

「蝶薄蒔絵盥」 江戸時代（18世紀） 京都国立博物館

「起立工商会社工芸下絵」 東京藝術大学大学美術館

條同
葉青金
落花金銀

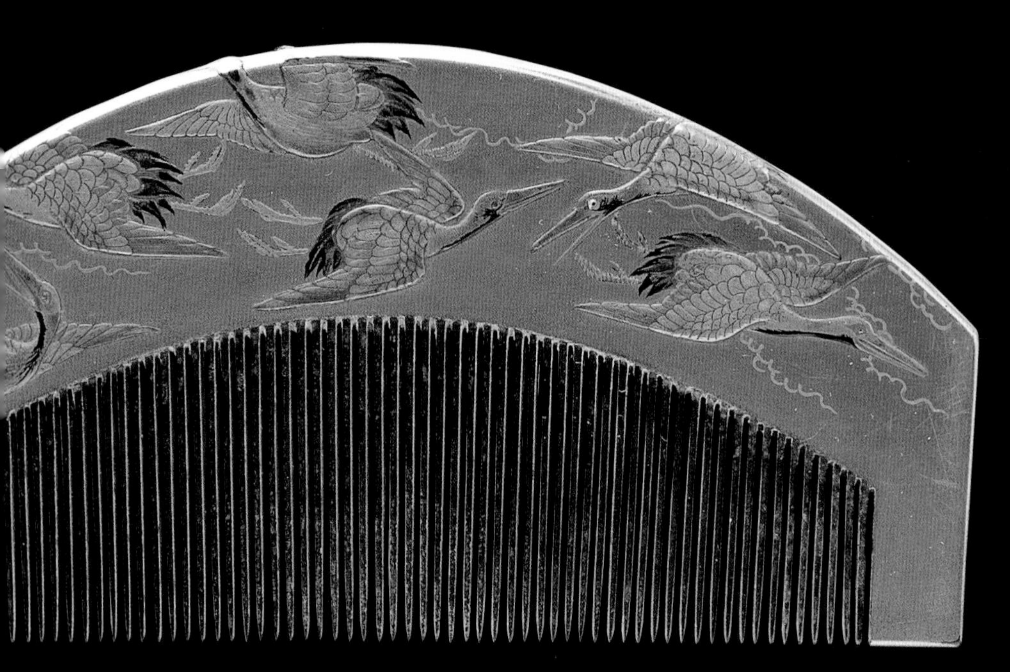

「金地群鶴文蒔絵櫛」銘奄月斉　江戸時代　国立歴史民俗博物館

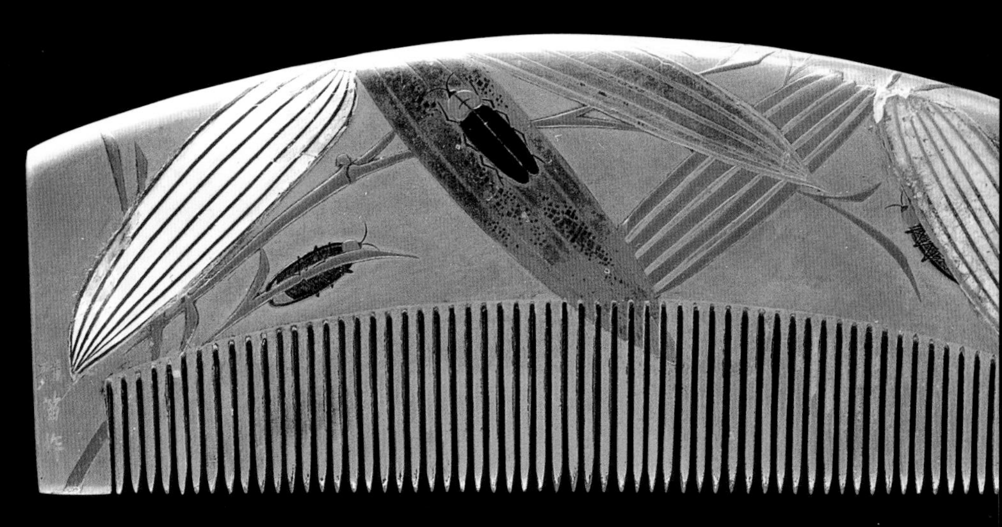

「金地笹葉蛍螺鈿蒔絵櫛」 銘黄笛　江戸時代　国立歴史民俗博物館

「起立工商会社工芸下絵」 東京藝術大学大学美術館

「金地月秋草虫蒔絵櫛」江戸時代　国立歴史民俗博物館

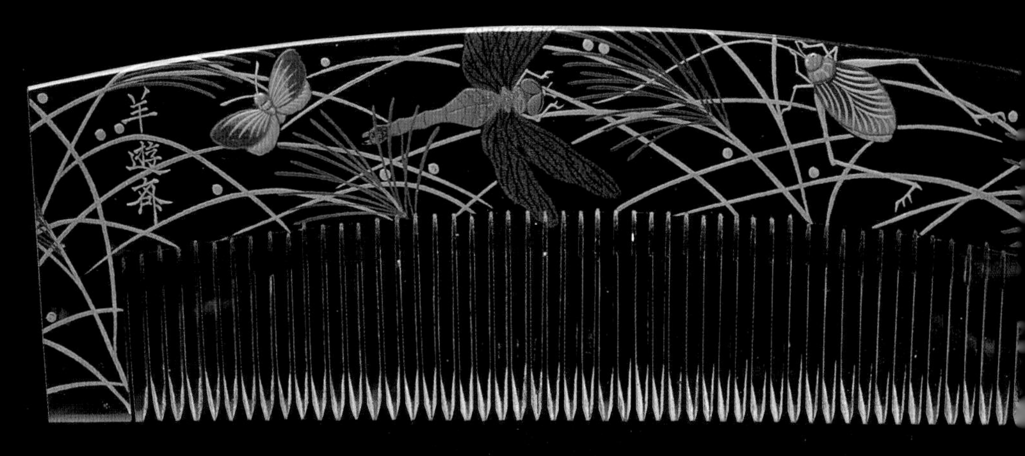

「鼈甲秋草虫蒔絵櫛」羊遊斉作　江戸時代　国立歴史民俗博物館

「起立工商会社工芸下絵」 東京藝術大学大学美術館

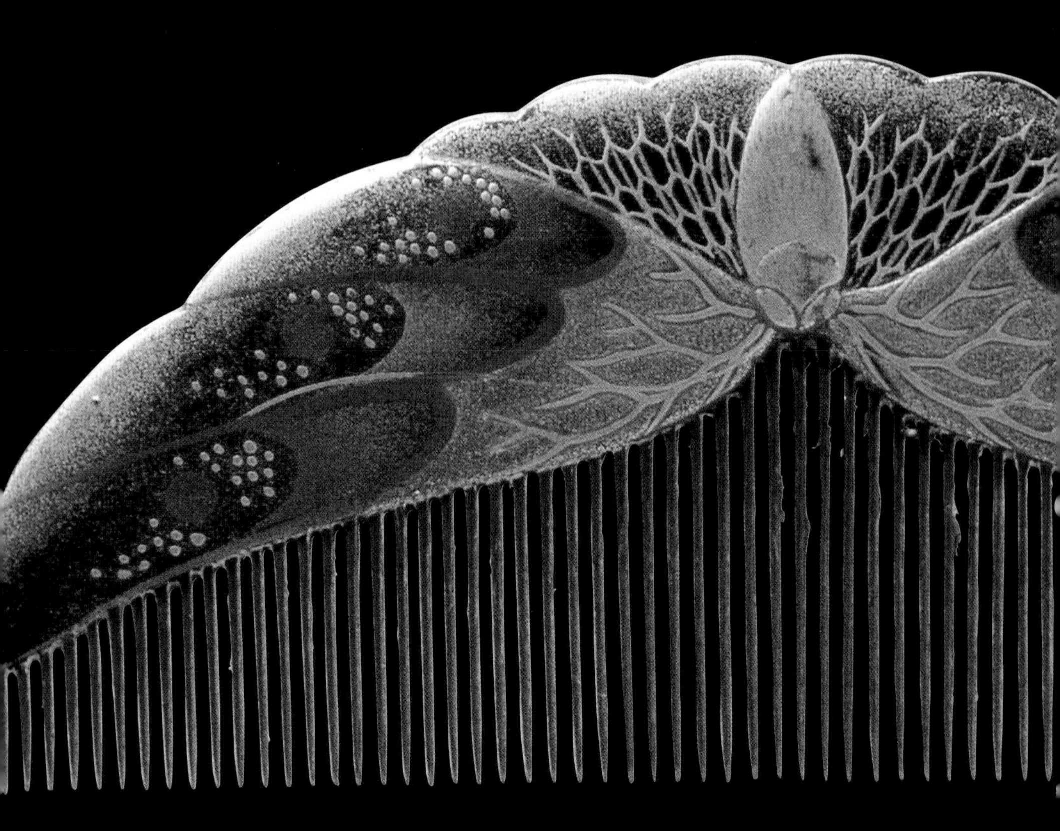

「揚羽蝶金蒔絵櫛」江戸時代〜明治時代　国立歴史民俗博物館

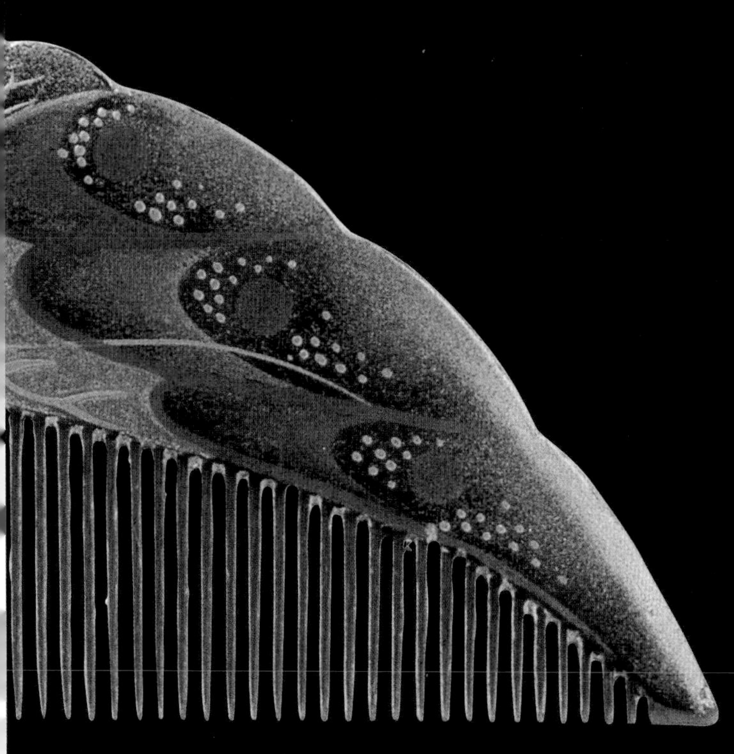

「起立工商会社工芸下絵」 東京藝術大学大学美術館

「柳橋図蒔絵鞍」
天正13年（1585） 馬の博物館

「起立工商会社工芸下絵」 東京藝術大学大学美術館

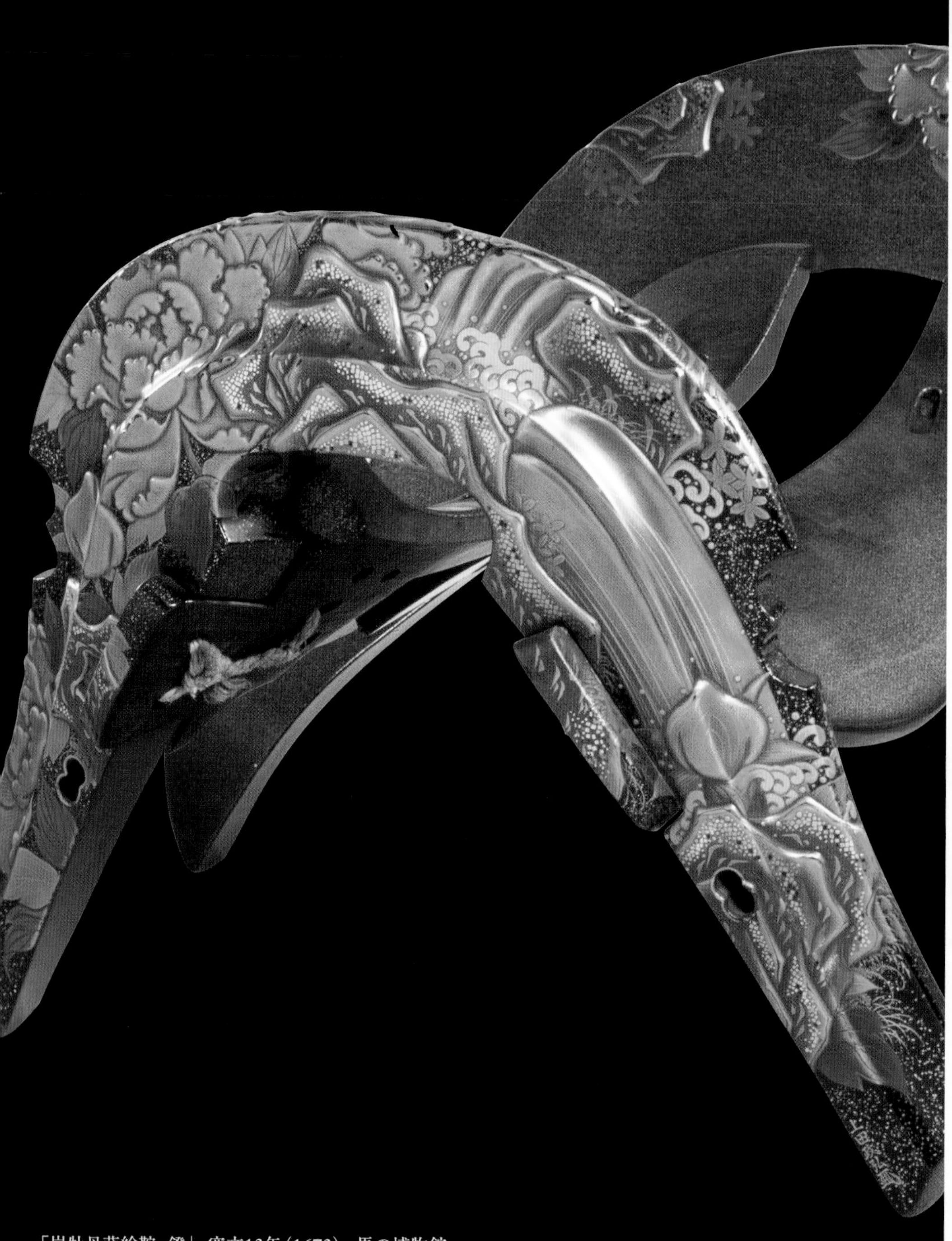

「岩牡丹蒔絵鞍・鐙」 寛文13年（1673） 馬の博物館

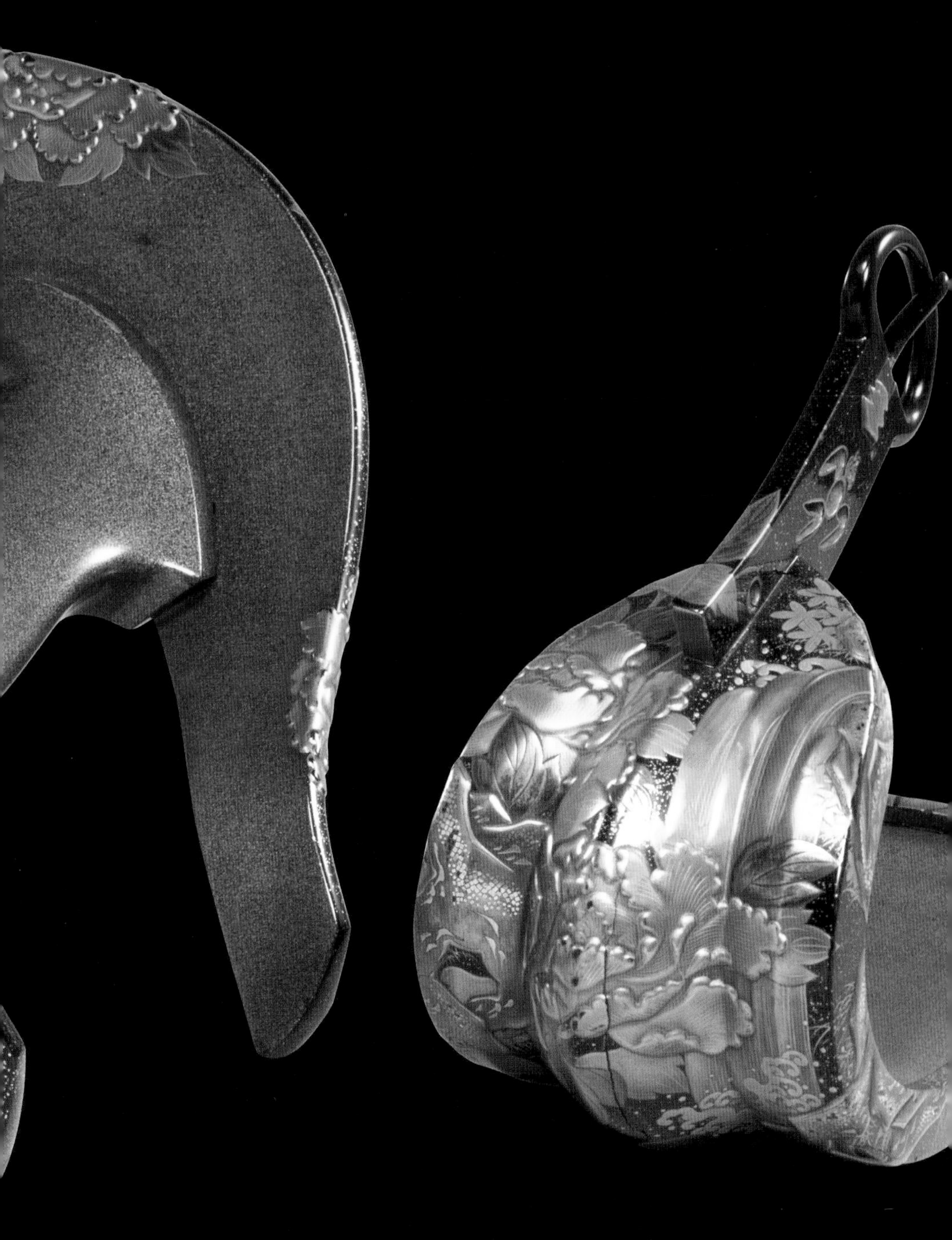

「起立工商会社工芸下絵」 東京藝術大学大学美術館

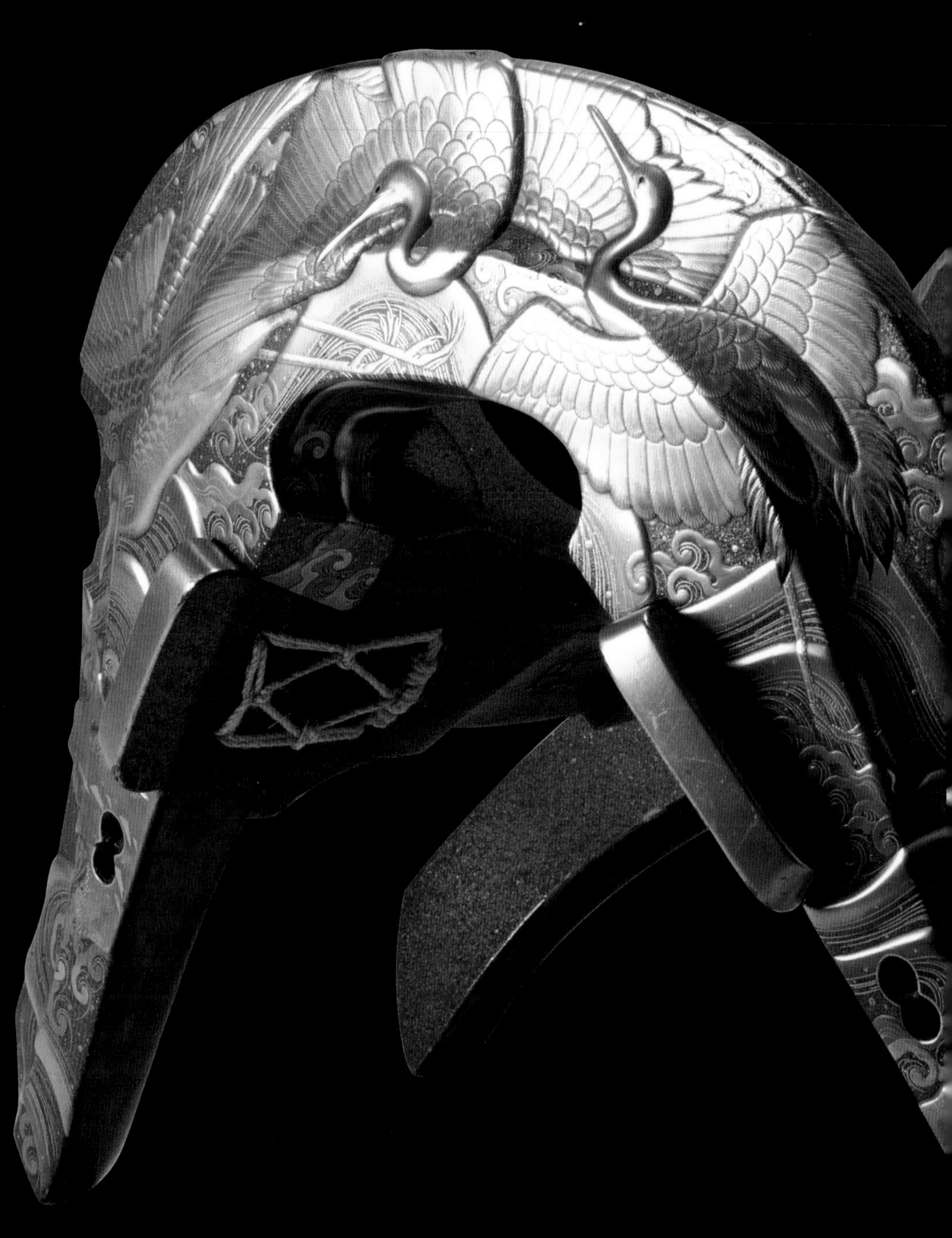

「群鶴蒔絵鞍」在銘　江戸時代　馬の博物館

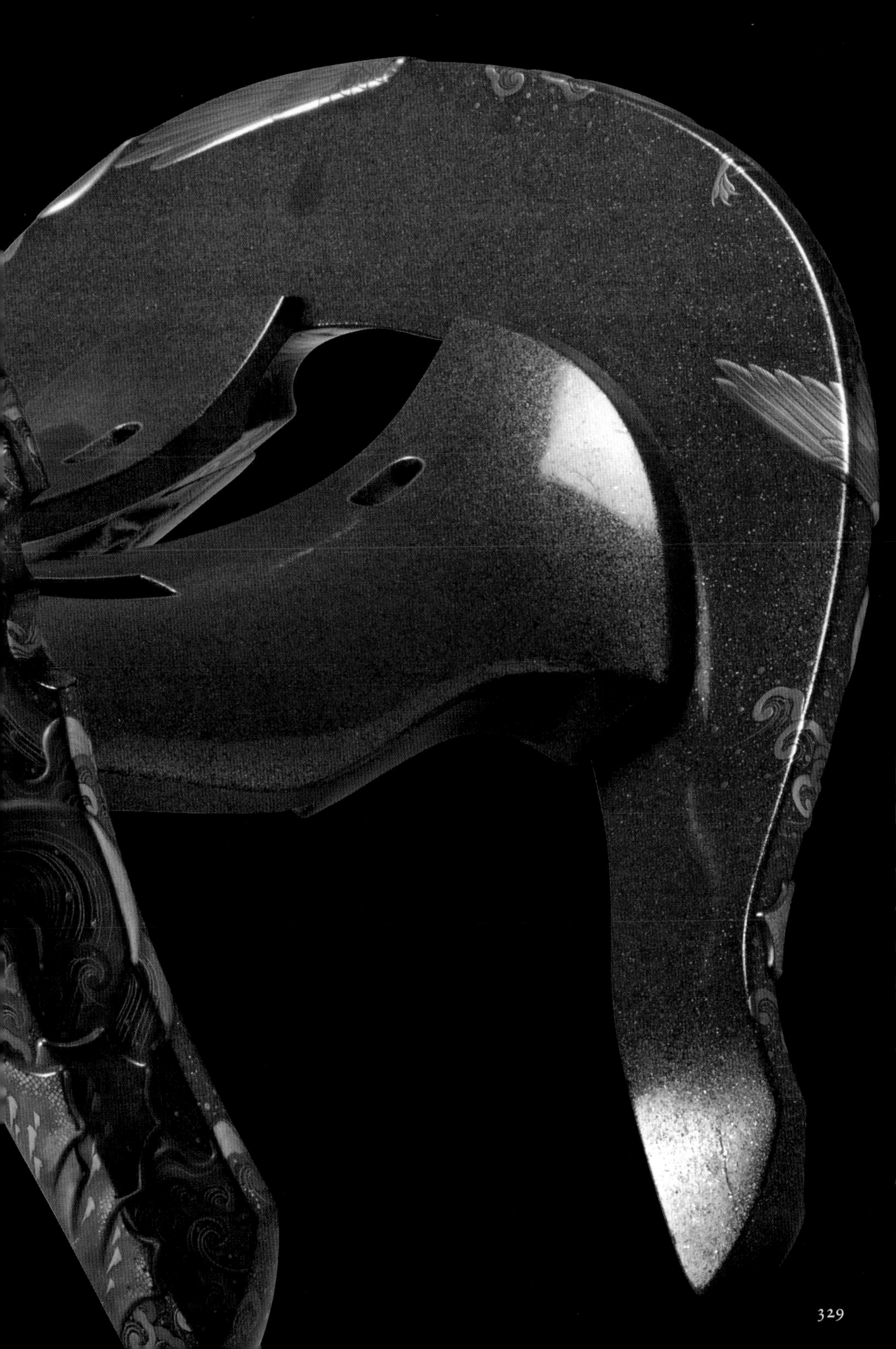

「起立工商会社工芸下絵」 東京藝術大学大学美術館

「秋草銀象嵌鐙」銘　加州住光春　江戸時代　馬の博物館

「起立工商会社工芸下絵」 東京藝術大学大学美術館

「阿須賀古神宝類　唐花双鶴文鏡」国宝
南北朝時代（14世紀）京都国立博物館

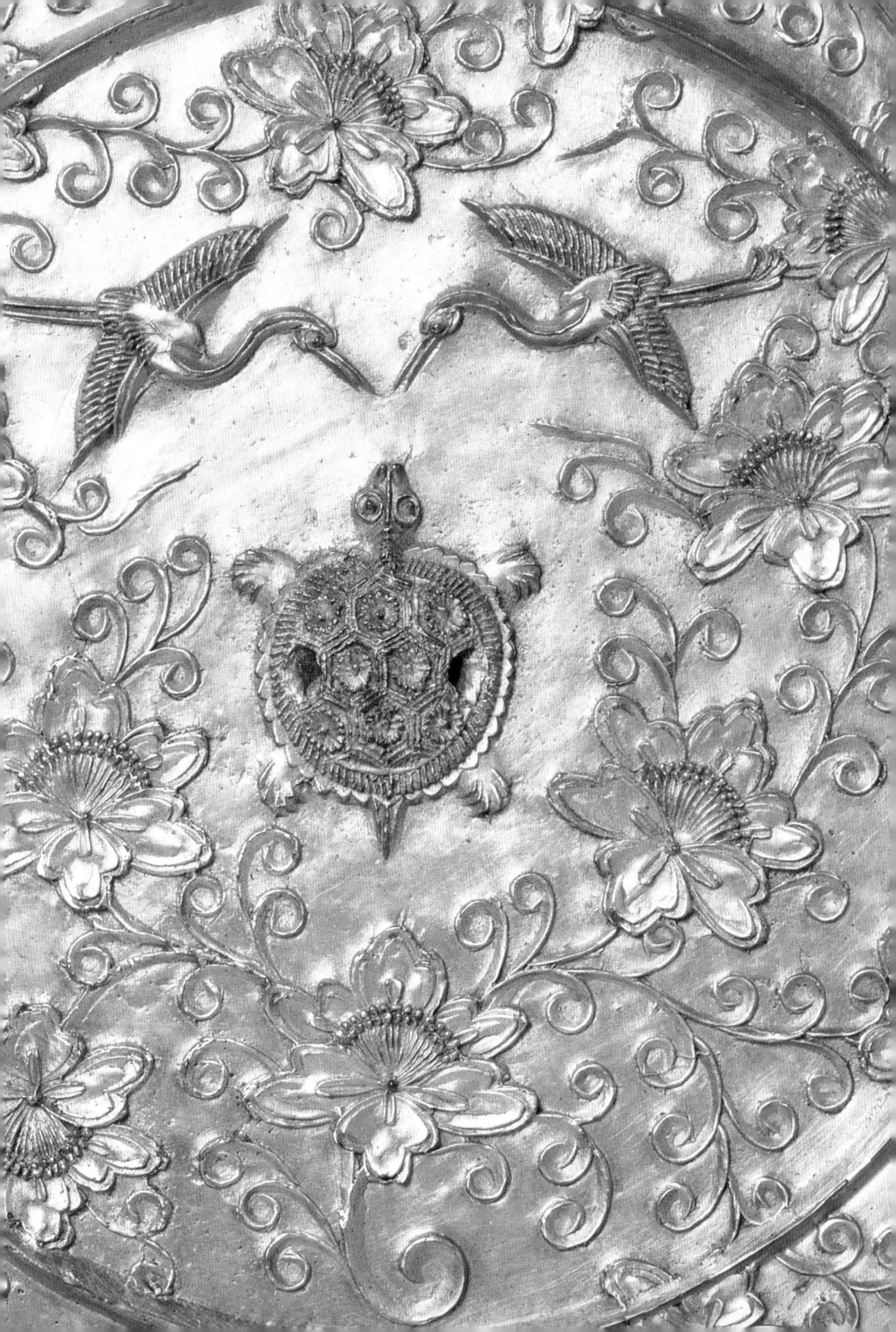

「起立工商会社工芸下絵」 東京藝術大学大学美術館

「南天柄鏡」 河上山城守宗次
江戸時代（18世紀） 京都国立博物館

34

「起立工商会社工芸下絵」 東京藝術大学大学美術館

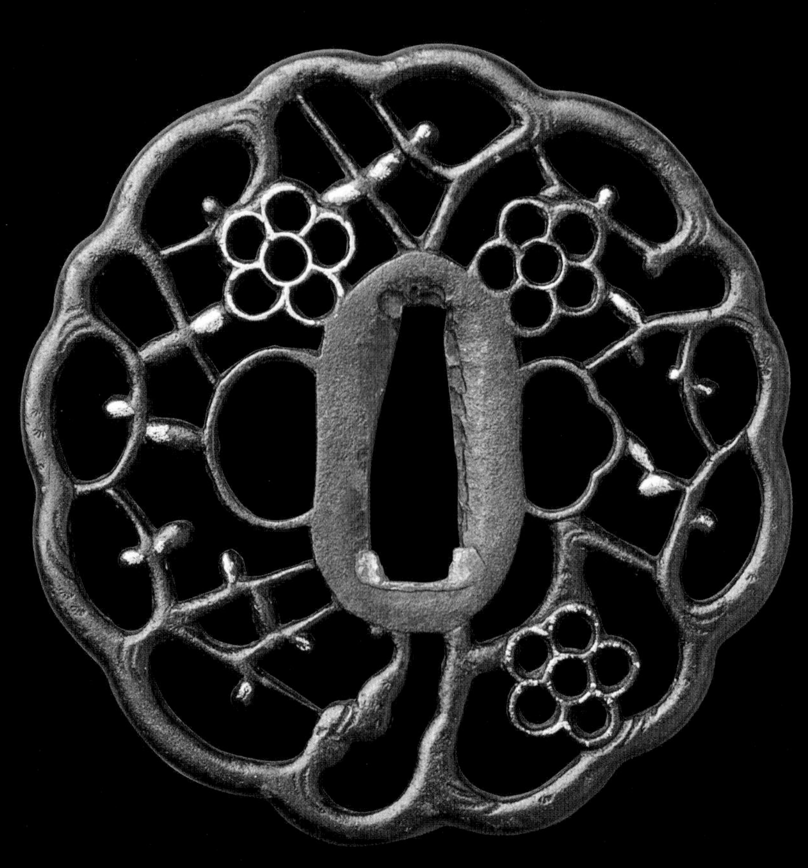

「梅樹透鐔」 無銘　伝京正阿弥　江戸時代（17～19世紀） 京都国立博物館

「菊透鐔」 銘玉松軒菊川久英（花押） 江戸時代（17〜19世紀） 京都国立博物館

「起立工商会社工芸下絵」 東京藝術大学大学美術館

「色絵花卉文九角皿」 江戸時代（17世紀）
京都国立博物館

「起立工商会社工芸下絵」 東京藝術大学大学美術館

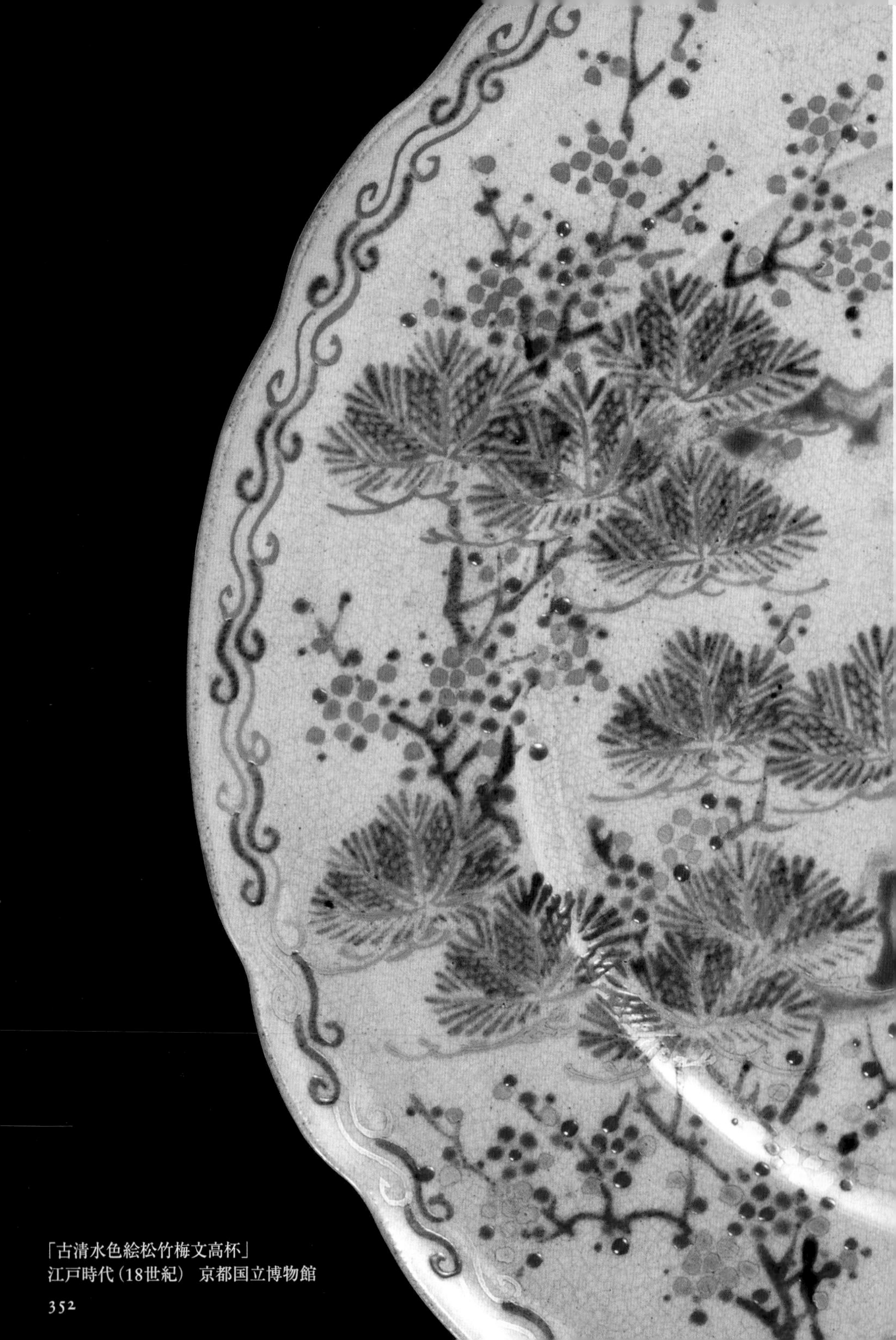

「古清水色絵松竹梅文高杯」
江戸時代（18世紀）　京都国立博物館

「起立工商会社工芸下絵」 東京藝術大学大学美術館

「鍋島色絵椿文皿」
江戸時代（17〜18世紀） 京都国立博物館

「起立工商会社工芸下絵」 東京藝術大学大学美術館

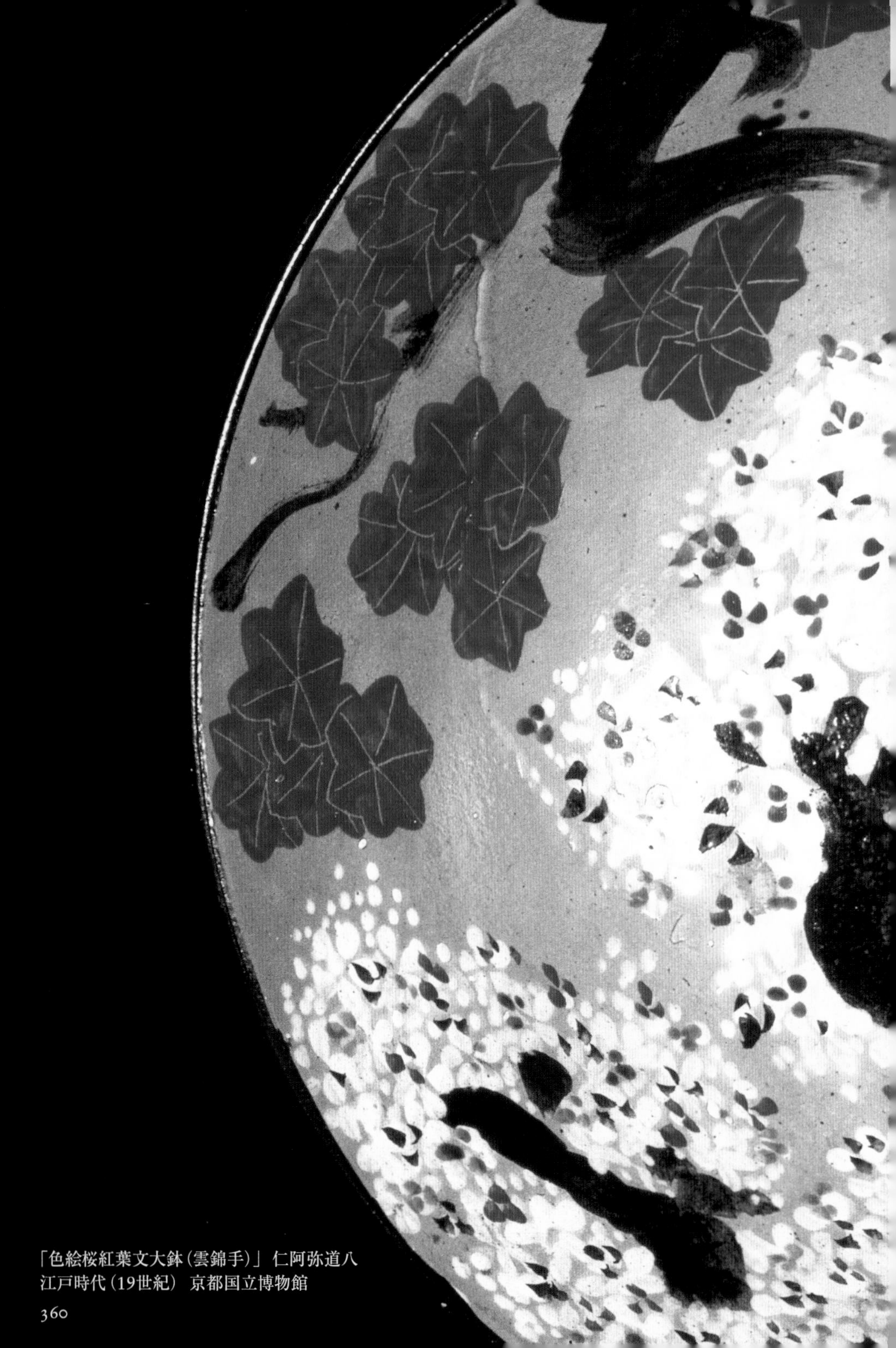

「色絵桜紅葉文大鉢(雲錦手)」 仁阿弥道八
江戸時代(19世紀) 京都国立博物館

「起立工商会社工芸下絵」 東京藝術大学大学美術館

「七宝柳燕文花瓶」
明治時代(19世紀)
京都国立博物館

「起立工商会社工芸下絵」 東京藝術大学大学美術館

「色絵朝顔瓢箪文鶏鈕大香炉」
明治12〜24時代（19世紀） 京都国立博物館

解説

図版解説

凡例

○作品解説のデータは、掲載頁、作品名、指定（国宝・重文）、作者名、制作年代、員数、材質・技法、寸法、所蔵、英訳の順に掲載している。
○法量の単位はセンチメートルで、特に表記のない場合はすべて縦×横である。
○本書に掲載している美術品は、絵画、染織、漆器、金工、陶磁の順で掲載している。
○作品解説は絵画のみとし、その他はデータを掲載している。

P8.9.12.13
四季花鳥図屏風 重文　伝雪舟等楊
室町時代　6曲1双屏風　紙本着色　各181.6×375.2　京都国立博物館
Birds and Flowers of the Four Seasons (folding screen), Important Cultural Asset, attributed to Sesshu Toyo, Muromachi period, Kyoto National Museum

右隻には松、左隻には梅の巨木を重心に設定し、その周囲に四季の草花や鳥が配された構図である。2羽の鶴や白鷺、叭々鳥（ははちょう）、鶺鴒（せきれい）、鴛鴦などを水墨画風に描き、椿、萱草（かんぞう）、芙蓉、長春花を彩色で描いている。

P16.17
花鳥図屏風　伝狩野元信
16世紀　6曲1隻屏風　紙本着色　151.0×348.9　東京藝術大学大学美術館　Birds and Flowers (folding screen), attributed to Kano Motonobu, sixteenth century, The University Art Museum, Tokyo National University of Fine Arts and Music

宋・元・明画の諸様式と倭絵（やまとえ）の手法を取り入れた、狩野派の規範となる平明で装飾的な描写である。6曲1隻の屏風には右の岩皴（がんしゅう）から張り出した松樹と四季の草花や鳥が描かれている。

P20.21
四季花鳥図屏風
室町末期　16世紀中期　6曲1双屏風　各138.5×269.4　静岡県立美術館
Birds and Flowers of the Four Seasons (folding screen), Late Muromachi period, mid-sixteenth century, Shizuoka Prefectural Museum of Art

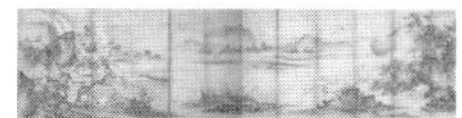

遠景に広がる連山を背景にして、鶴や小鳥、水鳥たちが憩う姿を描いている。各隻に「元信」の壺印が捺されているが、この印は狩野元信だけではなく門人たちも用いていたものなので、元信筆とはいえない。制作は永禄年間と考えられる。

P24.25
鳳凰図屏風　狩野常信
江戸時代（17世紀）　6曲1双 屏風　紙本金地着色
各174.0×368.8　東京藝術大学大学美術館　Phoenix (folding screen), Kano Tsunenobu, Edo period (seventeenth century), The University Art Museum Tokyo NationalUniversity of Fine Arts and Music

桐、水流、岩と最小限のもので構成され、6曲1双の金碧屏風形式の画面に描いている。中心となる鳳凰は優美な姿で捉えられ、彩色も上品なものとなっている。桐の枝ぶりも控え目で、水流はごく薄く藍がかけられている。

P28.29
秋草図屏風　尾形光琳
6曲1隻屏風　紙本着色　151.5×355.2　東京藝術大学大学美術館
Flowering Plants in Autumn (folding screen), Ogata Korin, The University Art Museum, Tokyo National University of Fine Arts and Music

江戸時代中期の画家である光琳は、工芸意匠家でもあり、琳派を大成させた画家でもある。秋の野に薄、萩、菊、桔梗、芙蓉、撫子などが咲き競う情景を描いている。草花図は琳派の最も主要な画題で、諸作家によって描き継がれている。

P32
蓮池水禽図 国宝　俵屋宗達
江戸時代（17世紀）　軸1幅　紙本墨画　119×48.3　京都国立博物館
Waterfowl in Lotus Pond (one scroll), National Treasure, Tawaraya Sotatsu, Edo period (seventeenth century), Kyoto National Museum

静謐な空間に今を盛りと花開く蓮華と水面を横切る2羽のカイツブリ。宗達の水墨画の中でも秀逸な作品である。柔らかい筆遣いで大きな蓮葉の重量感とそれを支える茎の力強さをきらめくような墨色で描き得ている。

P33

蓮池鷺図　狩野周信

江戸前期（17世紀末-18世紀初）　軸1幅　絹本着色　95.2×38.5
静岡県立美術館　Heron in Lotus Pond (one scroll), Kano Chikanobu, early Edo period (late seventeenth-early eighteenth century), Shizuoka Prefectural Museum of Art

葦と白蓮が咲く池田半で白鷺が羽を休めている。これから花開く白蓮の蕾の形と白鷺の形態の構成が小気味良い静寂さを湛えている。緩い流れの中で少し羽を広げかがみ込んだ白鷺は、何か獲物を見付けたのだろうか。

P34.35

鷲・下図　狩野芳崖

東京藝術大学大学美術館
Plum and Camellia, Yasuda Yukihiko, 1961, Museum of Modern Art, Shiga

P36

動植綵絵 群鶏図　伊藤若冲

江戸時代　軸1幅　絹本着色　142.1×79.5　宮内庁三の丸尚蔵館
The Colorful Realm of Living Beings: Cocks and Hens (one scroll), Ito Jakuchu, Edo period, Museum of the Imperial Collections

画面いっぱいに描かれた13羽の鶏の群れ。鶏が右に左に正面へと向きを変えながら折り重なり、赤、白、黒の色合いが重厚に織り込まれている。鶏冠の毒々しいまでの赤色も際立っている。鶏の特徴を緻密な観察眼から描かれた作品である。

P37

動植綵絵 紫陽花双鶏図　伊藤若冲

宝暦9年（1759）　軸1幅　絹本着色　142.8×79.8
宮内庁三の丸尚蔵館　The Colorful Realm of Living Beings: Hydrangeas and Fowls (one scroll), Ito Jakuchu, 1759, Museum of the Imperial Collections

画面の上面を覆うばかりに花開く紫陽花に包まれ2羽の雌雄の鶏が入念に描かれている。躑躅や薔薇の花の細部まで緻密に観察され、花びらの形は薄く彩色された白と紅の配色によってそれぞれの個性を描き分けている。

P38.39.42.43.50.51.54.55.58.59.62.63

四季花鳥図巻　酒井抱一

文化14年（1817）2巻　紙本着色　31.2×712.3 31.2×709.3
東京国立博物館　Skeches of Birds and Flowers of the Four Seasons, Sakai Hoitsu, 1871, Tokyo National Museum

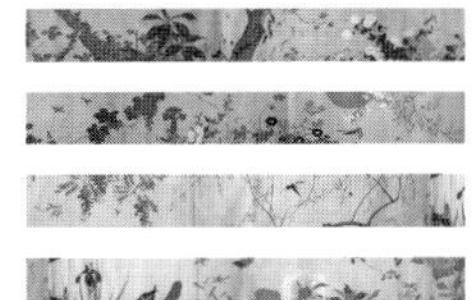

春夏と秋冬の多様な植物と鳥類・昆虫を2巻仕立てで生き生きと描いている。曲線を効果的に用いて淡く透明感にあふれた澄んだ彩色が魅力的な図巻である。

P40

動植綵絵 蓮池遊魚図　伊藤若冲

江戸時代　軸1幅　絹本着色　142.5×79.4　宮内庁三の丸尚蔵館
The Colorful Realm of Living Beings: Fish Swimming in Lotus Pond (one scroll), Ito Jakuchu, Edo period, Museum of the Imperial Collections

画面右上から左下にかけて対象物を配列し、まるで静止画像のような印象をあたえる作品である。空を飛ぶかのように蓮の葉と花に隠れ棲息する鮎の群れ。池を満たす水、それとも空気か、非現実な空間を描いた若冲画を代表する作品である。

P41

動植綵絵 群魚図　伊藤若冲

江戸時代　軸1幅　絹本着色　142.6×79.3　宮内庁三の丸尚蔵館
The Colorful Realm of Living Beings: Fishes (one scroll), Ito Jakuchu, Edo period, Museum of the Imperial Collections

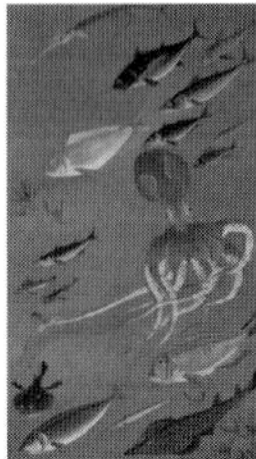

魚たちは一様に左に向かって泳いでいる不思議な画面である。泳いでいるというより標本展示されている。それにしてもこの細密な描写は図鑑のようである。カツオ、ネコザメ、イトヨリダイ、マアジ、シロギスなど17種類が描かれている。

P44

動植綵絵 雪中鴛鴦図　伊藤若冲

宝暦9年（1759）　軸1幅　絹本着色　141.8×79.0
宮内庁三の丸尚蔵館　The Colorful Realm of Living Beings: Mandarin Ducks in the Snow (one scroll), Ito Jakuchu, 1759, Museum of the Imperial Collections

降り積もった雪の池畔に雌雄の鴛鴦が遊ぶ。雌は餌を漁るところか半ば水中に姿を沈めている。岸では雄がじっと動かず佇んでいる。画面中央に枝垂れる柳の細い枝に雪が積もり、枝先まで装飾された静寂の空間に水鳥の水中に潜る音が聞こえる。

P45

動植綵絵 芦雁図　伊藤若冲

江戸時代　軸1幅　絹本着色　142.4×79.3　宮内庁三の丸尚蔵館
The Colorful Realm of Living Beings: Tame Goose and Reeds (one scroll), Ito Jakuchu, Edo period, Museum of the Imperial Collections

画面いっぱいに描かれた雁が、いま急降下して半分凍った水面に嘴が突き刺さりそうだ。枯れ芦に降り積もった雪はシャーベット状にねばりを持って描かれている。この空間は時間が止まったような、あるいは瞬時を捉えたものであろうか。

P48.49.52.53

樹花鳥獣図屛風　伊藤若冲

江戸後期（18世紀後半）6曲1双屛風　紙本着色（右隻）137.5×355.6（左隻）137.5×366.2　静岡県立美術館　Flora and Fauna (folding screen), Ito Jakuchu, late Edo period (Second half of eighteenth century), Shizuoka Prefectural Museum of Art

6曲1双屛風には右隻に白象を中心に、獅子・猊麒麟（ききりん）・鹿・猿などの動物が、また左隻には鳳凰を中心に鶏・孔雀・七面鳥・錦鶏鳥（きんけいちょう）などの鳥が描き込まれている。

P 56.57

群鶴図　石田幽汀

江戸時代中期（18世紀）　6曲1双屛風　紙本金地着色　（左隻）156.0×362.6　静岡県立美術館　Cranes (folding screen), Ishida Yutei, mid-Edo period (eighteenth century), Shizuoka Prefectural Museum of Art

6曲1双の総金地の大画面にさまざまな姿態を取る鶴の群れが描かれている。幽汀画風の特徴である装飾性も見てとれる作品。タンチョウ・ナベヅル・マナヅルは伝統的に描かれるが、ソデグロヅル・アネハヅルは珍しい。

P60.61

親子犬図　狩野永良

江戸時代中期（18世紀）　軸1幅　絹本着色　39.5×70.8
静岡県立美術館　Family of Dogs (one scroll), Kano Eiryo, mid-Edo period (eighteenth century), Shizuoka Prefectural Museum of Art

白と黒の親犬と子犬5匹で構成された犬の親子を描いている。犬の眼に群青、親犬の目頭と目尻および黒犬の歯茎に朱が用いられ、生々しい表情が生み出されている。永良の写生も沈南蘋の影響をうけた画風である。

P64.65

四季花鳥図　酒井抱一

江戸時代　2曲1双屛風　紙本着色　京都国立博物館
Birds and Flowers of the Four Seasons (folding screen), Sakai Hoitsu, Edo period, Kyoto National Museum

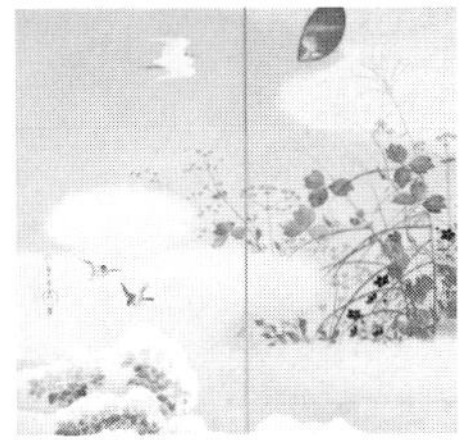

2曲1双屛風の右隻に春夏、左隻に秋冬の景色が描かれている。いかにも江戸琳派の総帥・酒井抱一の作品らしく、鮮やかな色彩を用いながらも執拗な感じがせず瀟洒な趣のある画面に仕上げている。

P68

花鳥十二ヶ月図 一月 梅椿に鶯図　酒井抱一

文政6年（1823）　軸1幅　絹本着色　140.0×51.0
宮内庁三の丸尚蔵館　Birds and Flowers of the Twelve Months, January: Pheasant with Plum and Camellia (one scroll), Sakai Hoistu, 1823, Museum of the Imperial Collections

十二幅一組の「十二ヶ月花鳥図」は数多く制作された。様々なモチーフのうち、燕子花、立葵、玉蜀黍に朝顔、枯れ芦に白鷺など、花木の間に鳥や虫を配する構成は、いずれも琳派の図様からきている。

P69

花鳥十二ヶ月図 三月 桜に雉子図　酒井抱一

文政6年（1823）　軸1幅　絹本着色　140.0×51.0
宮内庁三の丸尚蔵館　Birds and Flowers of the Twelve Months, March: Pheasant with Cherries (one scroll), Sakai Hoitsu, 1823, Museum of the Imperial Collections

P72

花鳥十二ヶ月図 六月 立葵紫陽花に蜻蛉図　酒井抱一

文政6年（1823）軸1幅　絹本着色　140.0×51.0
宮内庁三の丸尚蔵館　Birds and Flowers of the Twelve Months, June: Dragonfly with Hydrangea and Hollyhock (one scroll), Sakai Hoitsu, 1823, Museum of the Imperial Collections

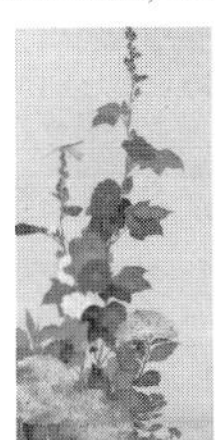

P73
花鳥十二ヶ月図 八月 秋草に螽斬図　酒井抱一
文政6年（1823）　軸1幅　絹本着色　140.0×51.0　宮内庁三の丸尚蔵館　Birds and Flowers of the Twelve Months, August: Grasshopper with Autumn Grasses (one scroll), Sakai Hoitsu, 1823, Museum of the Imperial Collections

P76
花鳥十二ヶ月図 十一月 芦に白鷺図　酒井抱一
文政6年（1823）　軸1幅　絹本着色　140.0×51.0
宮内庁三の丸尚蔵館　Birds and Flowers of the Twelve Months, November: Egret with Reeds (one scroll), Sakai Hoitsu, 1823, Museum of the Imperial Collections

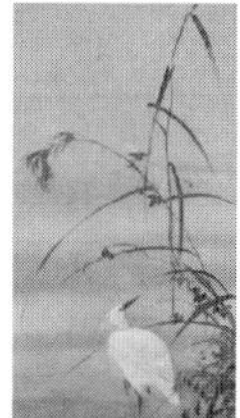

P77
花鳥十二ヶ月図 十二月 檜に啄木鳥図　酒井抱一
文政6年（1823）　軸1幅　絹本着色　140.0×51.0
宮内庁三の丸尚蔵館　Birds and Flowers of the Twelve Months, December: Woodpecker with Cypress (one scroll), Sakai Hoitsu, 1823, Museum of the Imperial Collections

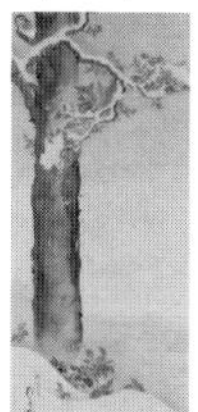

P80
虎図　岸駒
江戸時代　軸1幅　絹本淡彩　99.7×146.6　京都国立博物館
Tiger (one scroll), Gan Ku, Edo period, Kyoto National Museum

岸派の祖である岸駒（がんく）は、加賀（金沢）に生まれ、京都に出て独学で沈南蘋（しんなんぴん）の作風や円山派の画風を学んだ。岸駒は花鳥・山水・人物いずれにもすぐれ、中でも虎を描けば「虎図は岸駒の虎」として世に賞せられた。

P81
龍虎図　円山応震
江戸時代　軸双幅　絹本墨画　京都国立博物館
Dragon and Tiger (two scroll), Maruyama Oshin, Edo period, Kyoto National Museum

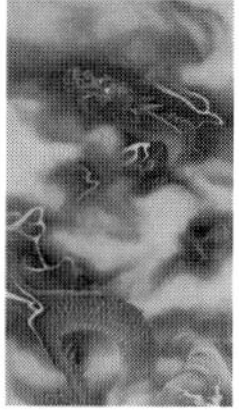

円山応震は江戸時代後期の画家で、円山応挙の孫、木下応受の子である。円山派の画風を忠実に守って、山水・人物・花鳥と幅広い領域をこなした。この龍虎図も応挙の域を超えるものではないが、応震の代表作と呼べるできばえである。

P84.85
竹雀図屛風　狩野養信（晴川院）
天保4-弘化3年（1833-46）　6曲1双屛風　紙本金地着色　各168.3×370.4　静岡県立美術館
Sparrow with Bamboo (folding screen), Kano Osanobu (Seisenin), 1833-46, Shizuoka Prefectural Museum of Art

6曲1双の大画面の総金地に竹を配し、さまざまな雀の姿を各隻45羽ずつ描き込んでいる。すっきりした竹の形態に狩野派の手法がうかがえ、雀の描写には円山派のスケッチ風の軽快な描写が見られる。

P88.89
海棠孔雀図　呉春（松村月渓）
江戸時代（18世紀）　軸1幅　絹本着色　130.7×91.1
京都国立博物館　Peacock with Chokeberries (one scroll), Goshun (Matsumura Gekkei), Edo period (eighteenth century), Kyoto National Museum

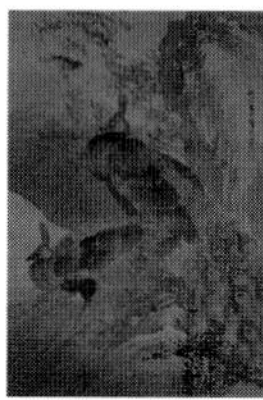

呉春ははじめ大西酔月（すいげつ）、次いで与謝蕪村に学ぶが、天明末頃から作風を写実的な応挙風に転じ新しい様式をつくり上げた。岩陰に咲く秋海棠（しゅうかいどう）の花と、佇む雌雄の孔雀を描いている。

P92.93
双鹿図　円山応挙
江戸時代（18世紀）　2曲1隻屛風　紙本金地着色　157.2×160.8
京都国立博物館　Deer (folding screen), Maruyama Okyo, Edo period (eighteenth century), Kyoto National Museum

2曲1隻の総金地に2頭の鹿が描かれている。鹿は応挙の得意な緻密写生によって見事にとらえられている。この絵が描かれた江戸中期頃、京都の画家たちは金箔や銀箔の効果的な使用を研究し新しい表現を探していた。

P96.97

牡丹孔雀図　円山応挙

安永5年（1776）　軸１幅　絹本着色　130.4×98.8

宮内庁三の丸尚蔵館　Peacock with Peonies (one scroll), Maruyama Okyo, 1776, Museum of the Imperial Collections

江戸中期に活躍した応挙は、石田幽汀について狩野派を学ぶが、眼鏡絵（凸レンズを通してみる絵）制作に携わって西洋画の透視法を習得し、平明で情緒的な新様式を樹立した。本画も孔雀の羽の細部まで緻密に描かれた大作である。

P100

花鳥図　岡本秋暉

江戸時代（19世紀）　軸1幅　絹本着色　112.5×41.5

東京藝術大学大学美術館　Birds and Flowers (one scroll), Okamoto Shuki, Edo period (nineteenth century), The University Art Museum, Tokyo National University of Fine Arts and Music

岡本秋暉は渡辺崋山に指導を受けたが、南蘋（なんぴん）派の影響も見られ、写生を基礎とした装飾的な花鳥を得意としている。山のシルエットを背景に、手前にすっくりと立つ芦と、葉陰に遊ぶ2羽の雁を描いている。

P 101

四季草花図　池田孤村

江戸時代（19世紀）　軸1幅　絹本着色　100.6×40.1

東京藝術大学大学美術館　Flowers of the Four Seasons (one scroll), Ikeda Koson, Edo period (nineteenth century), The University Art Musium Tokyo National University of Fine Arts and Music

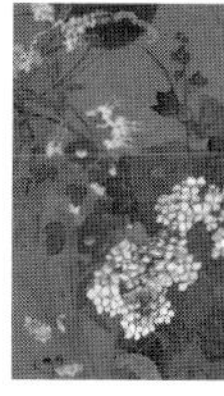

池田孤村は江戸末期の琳派系の画家で、酒井抱一の門に入ってその画風を習得している。琳派風に薇や額紫陽花、芙蓉、朝顔、萩、薄など春から秋にかけて咲く四季の花が盛り沢山に描かれている。

P104.105

修竹双鶴　瀧和亭

明治23年（1890 ）　2曲1隻屏風　紙本金地着色　152.8×153.3

東京藝術大学大学美術館　Cranes in Tall Bamboo (folding Screen), Taki Katei, 1890, The University Art Museum, Tokyo National University of Fine Arts and Music

明治時代に活躍した瀧和亭は花鳥画を得意とし、宮内省、外務省の絵画御用を務め、帝室技芸員になっている。なだらかな竹林に2羽の丹頂が描かれている。真っすぐに伸びた青竹と丹頂の羽の白さが静寂を保っている。

P108.109

桐竹鳳凰図　狩野永岳

御常御殿　上段の間　襖2面（4面の内）

紙本着色総金雲取砂子泥引　149.8×71.7　宮内庁京都事務所

Phoenix with Paulownia and Bamboo, Kano Eigaku, Jodan-no-ma, Otsune Palace, Imperial Household Agency Kyoto Office

鳳凰は想像上の鳥で、とりわけ徳の高い君子が帝の位につくときには宮廷に飛来するとされた。本図では右端に古木の桐を描き、その根元に一羽が止まり、左端には優雅に飛翔する姿が描かれている。

P112.113

春夏秋冬花鳥図　土佐光清

御常御殿　剣璽の間　御袋棚小襖8面　絹本着色砂子泥引

80.0×34.7　宮内庁京都事務所　Birds and Flowers of the Four Seasons, Tosa Mitsukiyo, Kenji-no-ma, Otsune Palace, Imperial Household Agency Kyoto Office

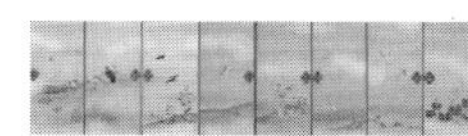

四季の水辺の情景が描かれている。上段には「鶯に福寿草、早春の図」、「土坡に薊」の春景色。昼顔と水辺の鷸、翡翠と菱の夏景色。下段には山帰来、野菊に鶉、藪柑子と千鳥の秋の景色。最後に黄色い花を咲かせた石蕗が冬の訪れを知らせている。

P116.117

秋野鶉図　吉田元鎮

御常御殿　御清の間　御袋棚小襖2面　絹本着色砂子泥引

79.2×29.8　宮内庁京都事務所　Quail in Autumn Field, Yoshida Genchin, Okiyo-no-ma, Otsune Palace, Imperial Household Agency Kyoto Office

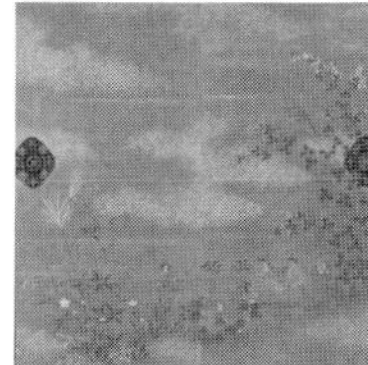

秋の叢（くさむら）の情景を描いている。2羽の鶉（うずら）と萩、薄、葛（くず）、桔梗、女郎花（おみなえし）など秋を代表する花々が描かれ、櫨（はぜ）が紅葉し秋の気配を感じさせる図である。

P120.121

花卉図・遊魚図　土佐光文

御常御殿　御寝の間　御袋棚小襖８面　絹本着色砂子泥引

79.2×34.5　宮内庁京都事務所　Flowering Plants; Swimming Fish, Tosa Mitsubumi, Gyoshin-no-ma, Otsune Palace, Imperial Household Agency Kyoto Office

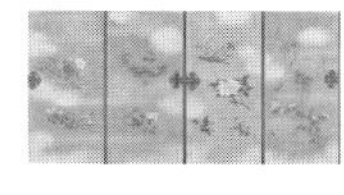

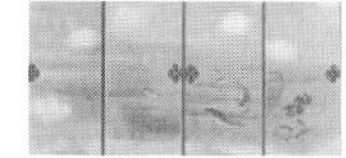

上段の「花卉図」には藤、山吹、桜草、撫子、菖蒲、牡丹、菫、鉄線、百合、竜胆、芙蓉、萩、菊、水仙などの四季の花々が描かれている。「遊魚図」は下段に描かれ、水中には藻が揺れ動き水面には菱が浮かぶ。

P124.125

四季花鳥図　鶴沢探真

御常御殿　二の間　襖2面（16面の内）　紙本着色砂子
187.8×151.2　宮内庁京都事務所　Birds and Flowers of the Four Season, Tsurusawa Tanshin, Ni-no-ma, Otsune Palace, Imperial Household Agency Kyoto Office

なだらかな秋の丘陵に3頭の鹿を描いている。遠くの丘には薄がなびき、足もとには萩が咲きこぼれ、桔梗が紫色の可憐な花を付けている。

P128.129

竹ニ虎図　土佐光文

御常御殿　御寝の間　襖2面（20面の内）
紙本着色金雲取砂子泥引　177.3×116.1　宮内庁京都事務所
Tigers with Bamboo, Tosa Mitsubumi, Gyoshin-no-ma, Otsune Palace, Imperial Household Agency Kyoto Office

「竹ニ虎図」は御常御殿（おつねごてん）・御寝（ぎょしん）の間20面の襖に描かれている。虎の様々なポーズを描いており、渓流で水を飲む虎、振り向く後ろ姿の虎、真横に歩む虎などで構成されている。

P132.133

柳ニ鷺図　大口義卿

御常御殿　西御縁座敷北方　杉戸（南）　板絵着色　2面
179.6×138.5　宮内庁京都事務所
Herons with a Willow, Ooguchi Gikyo, West Goenzashiki, north side, Otsune Palace, Imperial Household Agency Kyoto Office

かなり横幅のある杉戸いっぱいに柳と3羽の白鷺が描かれている。中央から右斜め上に伸びた柳の巨木に2羽の白鷺が羽を休め、左端から今にもその巨木に止まろうと滑空するもう1羽が近づいている。

P136.137

雪中小鳥図　近藤梁渓

御三間　東御縁座敷北方　杉戸（南）　板絵着色　2面
168.8×79.5　宮内庁京都事務所　Birds in Snow, Kondo Ryokei, Omi-ma, East Goenzashiki, north side, Imperial Household Agency Kyoto Office

雪深く降り積もった冬の早朝の景色であろうか。軽やかに小鳥が飛翔し生垣で遊ぶ姿が愛らしい。南天の葉に積もった雪が小鳥の動きで舞い散る様がこまやかに描写されている。穏やかで長閑（のどか）な冬の一日である。

P140

春夏花車図　吉田公均

御学問所　北御縁座敷東方　杉戸（西）
板絵着色　1面（2面の内）　175.0×79.0　宮内庁京都事務所
Spring and Summer Flower Cart, Yoshida Kokin, Gogakumon-sho (Imperial Study), North Goenzashiki, east side, Imperial Household Agency Kyoto Office

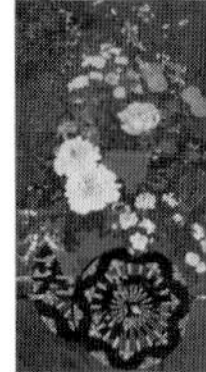

紅梅をはじめ百合、紫陽花、紅白の牡丹、薔薇、藤と春から夏にかけて開く色とりどりの花が花籠一杯に生けられている。細部まで緻密に描かれていて、その豪華な花姿が美しく調和している。

P141

松鷹図　吉田公均

御学問所　北御縁座敷東方　杉戸（東）　板絵着色
1面（2面の内）　175.0×79.0　宮内庁京都事務所　Hawk with Pine, Yoshida Kokin, Gogakumon-sho (Imperial Study), North Goenzashiki, east side, Imperial Household Agency Kyoto Office

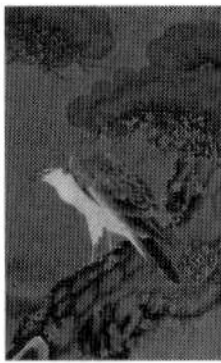

苔むした老松に羽を休める鷹が描かれている。うねるように描かれた松のフォルムと鷹の羽の表現などには写実味のある近代的な感覚が見られる。

P144.145

蕉陰双鶏図　今尾景年

明治24年（1891）　6曲1双屏風　絹本着色　各152.5×358.0
京都市美術館　Roosters and Hens with Japanese Banana Tree,(folding screen), Imao Keinen, 1891, Kyoto Municipal Museum of Art

京都に生まれた景年は梅川東居、鈴木百年（ひゃくねん）に師事し、写生に即した花鳥画を描いた。本作品は日本美術協会展に出品された6曲1双の屏風作品で、大きく葉を広げた芭蕉の葉陰に鶏が遊んでいる。たしかな筆致で全体の構図をまとめている。

P148.149

芦水禽図　今尾景年

明治時代　軸1幅　絹本着色　135.8×168.2　滋賀県立近代美術館
Waterfowl with Reeds (one scroll), Imao Keinen, Meiji period, Museum of Modern Art, Shiga

芦が生える水辺に水鳥が集まっている。飛来する真鴨、鴛鴦（おしどり）、鷺などが描かれている。さぞかし騒がしい鳴き声が響いているのだろう。明治13年（1880）から京都府画学校に出仕した景年は、のち京都画壇で重きをなした。

P152.153

遊鯉図　今尾景年

明治時代　軸1幅　絹本着色　111.5×201.0　京都国立博物館
Carp (one scroll), Imao Keinen, Meiji period, Kyoto National Museum

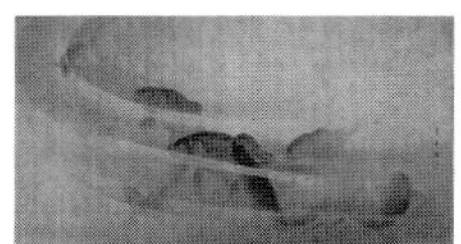

速い流れの淵で鯉が体を躍らせている。左上流からの水の流れをたしかな筆致で捉えている。川底で体をくねらせ餌を採る鯉、流れに乗って上流をめざす鯉、さまざまな鯉の表情をうまく表している。

P156.157

獅子巌壁　竹内栖鳳

明治37年（1904）頃　6曲1双屏風　紙本金箔墨彩　各170.0×360.0　豊田市美術館　Lions and Cliffs (folding screen), Takeuchi Seiho, ca. 1904, Toyota Municipal Museum of Art

栖鳳は明治33年から翌年にかけて渡欧し、円山四条派の手法をもとに西洋画法を取り入れて独自の画風を確立している。6曲1双の金箔の大画面には、右隻に遠くを睨む雌雄のライオンと、左隻には巌壁を描いている。

P 160.161

飼われたる猿と兎　竹内栖鳳

明治41年（1908）　2曲1双屏風　絹本着色
（左隻）163.5×183.0　東京国立近代美術館　Monkeys and Rabbits (folding screen), Takeuchi Seiho, 1908, National Museum of Modern Art Tokyo

動物は栖鳳の好きな画題である。2曲1双の屏風の左隻に猿、右隻に兎を描いている。動物の生態や特徴を巧みに表現する栖鳳の観察眼の鋭さと技術のたしかさはさすがである。

P164.165

池塘浪静　竹内栖鳳

明治20年（1887）　軸1幅　絹本着色　82.7×170.0　京都市美術館
Lapping Waves on a Quiet Lakeshore (one scroll), Takeuchi Seiho, 1887, Kyoto Municipal Museum of Art

本作は新古美術会への出品作で栖鳳が画学生から一歩社会へ乗り出す時代の作品である。水辺に生えるカヤツリグサ科の莞（ふとい）が並び、水面から飛び跳ねた鯉を瞬時に捉え、左方に水流を配した構図になっている。

P168

遊鯉　竹内栖鳳

明治20年（1887）頃　軸1幅　絹本着色　99.7×36.0　京都市美術館
Carp (one scroll), Takeuchi Seiho, ca. 1887, Kyoto Municipal Museum of Art

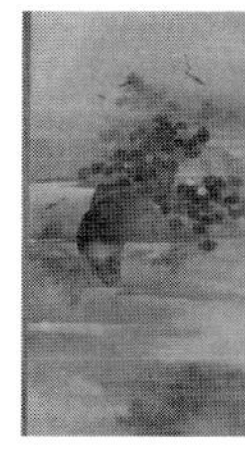

水面近くを泳ぐ鯉を描いている。水面に浮かんだ菱の葉陰に姿を隠す鯉のフォルムや、池中の水草を描くことにより水中空間をうまく表現している。

P169

野蔬小禽図　塩川文麟

軸1幅　絹本淡彩　131.5×70.5　京都市美術館
Birds and Wild Vegetables (one scroll), Shiokawa Bunrin, Kyoto Municipal Museum of Art

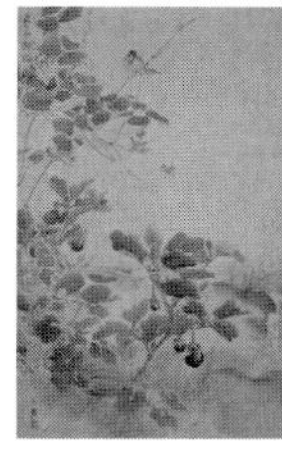

藤豆や瓜の葉の緑色、花のピンク、豊かに実った茄子の墨色との対比が美しく表現されている。本画は典型的な四条派風の付立（輪郭線で描かず、すぐに水墨または色彩で描くもの）で描かれている。小枝に止まった雀の姿も愛らしい。

P172.173

群雀図　岸連山

軸1幅　絹本淡彩　138.0×86.0　京都市美術館
Group of Sparrows (one scroll), Kishi Renzan. Kyoto Municipal Museum of Art

江戸時代後期の画家、連山は京都に生まれ岸駒（がんく）に師事し、養子となって岸派を継いだ。岸派の筆法を受け継ぎ、花鳥や鳥獣が得意であった。この図は冬の早朝の景色であり、降り積もった雪の重みで竹がしなっている。この静謐な空間の中で雀たちのさえずりが響いている。

P176.177

春秋花鳥図　森寛斎

明治21年（1888）　6曲1双屏風　金地着色
（右隻）166.5×372.0　滋賀県立近代美術館
Birds and Flowers of the Spring and Fall (folding screen), Mori Kansai, 1888, Museum of Modern Art, Shiga

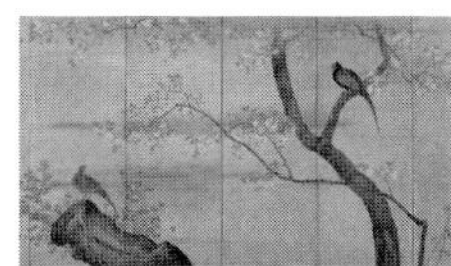

6曲1双の大画面には、右隻に桜と雉子のつがい、左隻には紅葉とシジュウカラの群れが描かれている。鮮やかな色彩で描かれ、たらし込み（一つの色が乾かぬうちに別の色をたらし込む技法）に近い手法で立体的な表現がなされている。

P180.181

猛虎図　岸竹堂

明治28年（1895）　2曲１双屏風　紙本着色金砂子散
（右隻）172.0×230.0　滋賀県立近代美術館
Tiger (folding screen), Kishi Chikudo, 1895, Museum of Modern Art, Shiga

明治26年シカゴ万国博に出品し賞牌を受けた「虎図」を制作中、竹堂は虎の眼の表現に神経を集中させて描き終えて後間もなく、「虎が睨みよった」といって発狂した。竹堂の迫真の力強さが伝わってくる。

P184.185

月下吼狼図　岸竹堂

明治27年（1894）頃　軸1幅　絹本着色　131.2×51.2
滋賀県立近代美術館
Wolf in Moonlight (one scroll), Kishi Chikudo, ca. 1894, Museum of Modern Art, Shiga

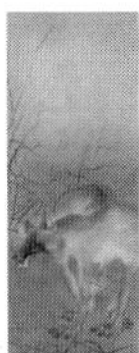

虎の絵で知られる竹堂であるが、これは狼を描いた珍しい作品である。月光に吼える狼の顔の凄まじさ。体軀をくねらせ、鋭い眼差しで凝視している。竹堂の鋭さが遺憾なくでている作品である。

P188.189

柳鷺図　渡辺公観

軸1幅　絹本着色　99.5×126.8　滋賀県立近代美術館
Heron with Willow (one scroll), Watanabe Masami, Museum of Modern Art, Shiga

画面を右から左へと柳の古木が枝を伸ばし、白鷺が2羽3羽とバランスよく羽を休めている。森川曾文（そぶん）に師事し、四条派を学んだ公観の観察眼で、白鷺の羽の細部まで丁寧に描きこまれている。

P192.193

鵜鵰図　下村観山

明治34年（1901）6曲１双屏風　金地着色　（右隻）168.0×363.0
滋賀県立近代美術館
Cormorants (folding screen), Shimomura Kanzan, 1901, Museum of Modern Art, Shiga

右隻に鵜の群れを、左隻に鵰の群れを配した作品である。浪飛沫や鳥たちが写実的に描かれており、金地屏風の装飾性とうまく合った表現である。観山は卓越した技法と古典の研究による穏健な画風で名声を得ている。

P196.197

雪中鴛鴦之図　渡辺省亭

明治42年（1909）　軸1幅　絹本着色　142.0×78.0
東京国立近代美術館　Mandarin Ducks in Snow (one scroll), Watanabe Seitei, 1909, National Museum of Modern Art, Tokyo

明治から大正にかけて活躍した渡辺省亭は菊池容斎に師事し、洋風を加味した独自の花鳥画を得意とした。本図も雪景色の湖畔に羽を休める仲睦まじい鴛鴦（おしどり）を描いている。寒椿が花を添えている。

P200.201

落葉　菱田春草

明治42年（1909）　2曲１隻屏風　紙本着色　151.0×164.0
滋賀県立近代美術館　Fallen Leaves (folding screen), Hishida Shunso, 1909, Museum of Modern Art, Shiga

春草の「落葉」には他に4点ほどの同名の作品が残されている。やや上から見下ろした俯瞰的図法で描かれ、空間の奥行きは樹木の配置で表されている。自然観照にもとづいた写生と装飾性の調和が見事な作品である。

P204.205

雀に鴉　菱田春草

明治43年（1910）　紙本着色　6曲1双屏風　各159.0×357.0
東京国立近代美術館　Sparrows and Crow (folding screen), Hishida Shunso, 1910, National Museum of Modern Art Tokyo

第10回巽画会に出品された6曲1双の屏風で、左隻に鴉、右隻に雀が描かれている。春草は古画を深く研究する横山大観らとともに朦朧体と呼ばれる西洋絵画の技法を大胆に取り入れた没骨描法を試みるなど、新しい日本画創造に挺身した。

P208

鹿　菱田春草

明治42年（1909）　軸１幅　絹本着色　128.0×51.0　豊田市美術館
Deer (one screen), Hishida Shunso, 1909, Toyota Municipal Museum of Art

明治41年の春、春草は東京の代々木で療養生活をおくった折、近くの櫟林を多く描いている。落葉が散り敷かれた木立の中に、一頭の鹿が座り込んでいる。秋も深まり静寂感が漂い、もの思いにふける鹿の丁寧に描かれた毛並みがやさしい。

P209

桜花群鴉図　菊池芳文

明治後期　軸１幅　絹本墨画淡彩　157.5×84.0
京都国立近代美術館　Crows and Cherry Blossoms (one scroll), Kikuchi Hobun, late Meiji period, National Museum of Modern Art Kyoto

芳文の花鳥画家としての出発点となったのは、明治36年の「春の夕・霜の朝」である。本図は桜の太い幹に鴉が羽を休めている姿を描いている。写実の特徴を見せつつ丹念に描き込んで、えもいわれぬ風情を漂わせている。

P212.213

四季草花図　小茂田青樹

大正8年（1919）　6曲2双屏風　紙本着色　各132.5×259.0
滋賀県立近代美術館　Flowers of the Four Seasons: Winter (folding screen), Omoda Seiju, 1919, Museum of Modern Art, Shiga

本作品は第6回再興院展に出品された6曲2双屏風の大作である。琳派風の装飾性を近代的に表現しようとした労作である。院展の同人となったが、独自の画境を模索中、「蟲魚図巻」（昭和6年）の院展出品を最後として42歳の若さで夭折した。

P 216

菊に猫　速水御舟

大正11年（1922）　軸１幅　絹本着色　130.6×50.1
豊田市美術館　Cat with Chrysanthemums (one scroll), Hayami Gyoshu, 1922, Toyota Municipal Museum of Art

菊と猫が浮かび上がるように細部まで細密に描写された幻想的な作品。猫の柔らかなしま模様、きりっと立てた耳、鋭い眼差しは緊張感を与える。御舟は植物と猫の連作を描いており、「菊に猫」はその最後の作品である。

P217

暁に開く花　速水御舟

昭和9年（1934）　軸1幅　紙本着色　43.2×62.2
東京国立近代美術館　Flowers Blooming at Dawn (one scroll), Hayami Gyoshu, 1934, National Museum of Modern Art, Tokyo

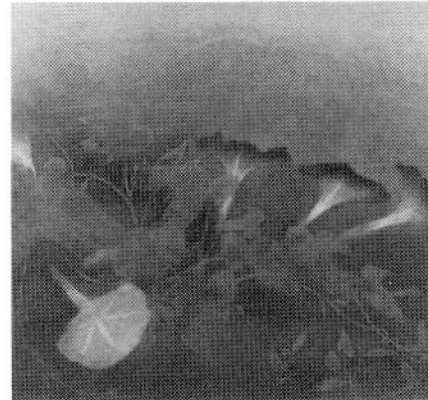

白みかけた夏の朝、ほのかな闇を残しながら咲きはじめた朝顔を描いている。花や葉、蔓などは膠を強めにして、胡粉や白緑などで描き起こし墨隈をにじみ込ませることで、絵具で描かれた部分と地隈との差を際立たせ形態を浮き上がらせている。

P220.221

南瓜　山田耕雲

昭和2年（1927）　2曲1隻屏風　絹本着色　130.0×154.0
京都市美術館
Pumpkin (folding screen), Yamada Koun, 1927, Kyoto Municipal Museum of Art

耕雲は菊池芳文に花鳥画を学んでいる。「南瓜」は第8回帝展（昭和2年）に出品された作品で、画面上方から葉を繁らせた南瓜の蔓が伸びている。植物の生命力の豊かさと画面中央に佇む小禽のバランスが微笑ましい。

P224.225

熱国妍春　石崎光瑤

大正7年（1918）　6曲1双屏風　絹本着色　各175.4×372.0
京都国立近代美術館　Tropical Spring (folding screen), Ishizaki Koyo, 1918, National Museum of Modern Art, Kyoto

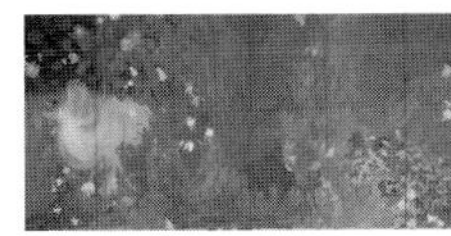

インドに取材した写生に基づく明るい装飾的な作品である。鬱蒼と生い茂った樹林、その樹間に咲く南国のハイビスカス。右端には池沼に蓮花も描かれ、大きく羽を広げた極楽鳥が舞っている。あたたかく幻想的に装飾された画面である。

P228.229

春律　石崎光瑤

昭和3年（1928）　2曲1隻屏風　絹本着色　216.0×240.0
京都市美術館　Green Pheasants (folding screen), Ishizaki Koyo, 1928, Kyoto Municipal Museum of Art

光瑤は若くから自然跋渉を好み、出身地の富山県福光町（現・南砺市）近隣の山野をめぐり、立山・白山を中心に本格的登山を行っている。ここに描かれた風景は登山の途中に出会った景色か、大胆な構図で雌雄の雉子を幻想的に描いている。

P232.233

霜月　石崎光瑤

昭和13年（1938）　額装1面　絹本着色　162.8×155.3
東京藝術大学大学美術館　November, Ishizaki Koyo, 1938, The Unisersity Art Museum, Tokyo National University of Fine Arts and Music

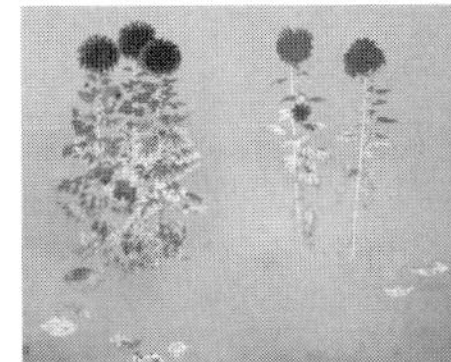

「霜月」と題されたこの作品は第2回新文展（昭和13年・1938）に出品され政府買い上げになった。秋の深まりと共に色濃く染まった菊花を、細密な筆致で描いている。静寂感と菊の香りが画面いっぱいに漂っている。

P236.237

罌粟　土田麦僊

昭和4年（1929）　軸双幅　絹本着色　各161.3×106.5
宮内庁三の丸尚蔵館　Poppies (two scroll), Tsuchida Bakusen, 1929, Imperial Household Agency

上部に薄く金泥が刷（は）かれた画面いっぱいに赤、白の罌粟（けし）が咲き乱れ、その上を蝶が舞っている。葉の表の緑青と葉裏の若葉色の重なりが美しい対比を見せ、色とりどりに描かれた花弁も鮮やかである。

P240.241

朝顔　土田麦僊

昭和4年（1929）軸1幅　絹本着色　60.2×71.2　京都市美術館
Morning Glory (one scroll), Tsuchida Bakusen, 1929, Kyoto Municipal Museum of Art

麦僊は朝顔制作のため3年にわたって朝顔を栽培し、まだ日も明け切らぬうちから、ランプの灯をたよりに写生をしたと伝えられる。葉には一枚一枚に墨の濃淡で微妙な差をつけ、花や葉の重なりを表現して、全体に奥行きと量感を与えている。

P244

牡丹花遊蝶之図　村上華岳

昭和11年（1936）　軸1幅　紙本着色　132.1×31.4　豊田市美術館
Peonies with Butterflies(one scroll), Murakami Kagaku, 1936, Toyota Municipal Museum of Art

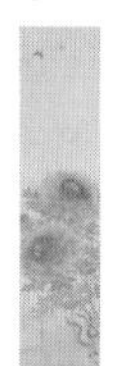

五月晴れの空に朱牡丹はあくまでも艶然として今を盛りと花開き、濃密で豊満な雰囲気を醸し出している。その上に舞う蝶はすでに牡丹の芳香に酔いしれているのか軽やかに飛んでいる。

P245

墨牡丹之図　村上華岳

昭和5年（1930）頃　軸1幅　絹本墨画　34.5×42.0
京都国立近代美術館　Peony (one scroll), Murakami Kagaku, ca. 1930, National Museum of Modern Art Kyoto

水墨で描かれた本図は華岳の神秘性が表れた作品である。静寂の世界をこの一輪の墨牡丹はより深く語っているようである。大正15年（1926）の第5回国画創作協会展出品を最後に同会を離れ、その後は求道者のごとく絵三昧の生活を送っている。

P248.249

秋園　加藤英舟

昭和12年（1937）　2曲1隻屏風　絹本着色　171.0×185.0
京都市美術館　Autumn Garden (folding screen), Kato Eishu, 1937, Kyoto Municipal Museum of Art

加藤英舟は岸竹堂や竹内栖鳳に師事し、花鳥画を得意とした作家である。第8回帝展に出品されたこの作品は、深まった秋景のなか咲き誇る萩の花にまどろむ兎を捉えている。柔らかい兎の毛並みまで描き込まれ、栖鳳の影響が窺える作品である。

P252.253

雪中水禽　阿部春峰

昭和17年（1942）　額1面　絹本着色　67.3×72.3
東京国立近代美術館
Waterfowl in Snow, Abe Shunpo, 1942, National Museum of Modern Art Tokyo

水辺の芦に身を寄せる鴛鴦（おしどり）の姿を描いている。芦穂や葉には雪が積もり、静寂感が伝わってくる。春峰は明治から昭和にかけて活躍した画家で、菊池芳文（ほうぶん）に師事し花鳥画を学んでいる。

P256.257

紅梅　安田靫彦

昭和36年（1961）　額１面　紙本着色　164.4×91.8
滋賀県立近代美術館　Plum tree, Yasuda Yukihiko, 1961, Museum of Moden Art, Shiga

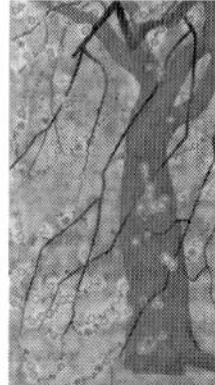

「紅梅」は昭和36年（1961）の第46回院展に出品された作品で、歴史画や人物画を得意とする靫彦の作品系列の中では異色であり、花木図の中では最大の大作であろう。枝垂れの紅梅を描いた、繊細さと豪快さが調和した作品である。

P260.261

竹に虎　歌川国芳

大判錦絵（竪絵）　山口県立萩美術館・浦上記念館
Tiger with Bamboo, Utagawa Hiroshige, Hagi Uragami Museum

国芳は風景画、役者絵、花鳥画、肉筆画と画域も広い江戸時代後期の浮世絵師である。大判2枚続きの本画は虎の躍動する姿を的確に捉えた作品である。

P264. 265

名所江戸百景 深川洲崎十万坪　歌川広重

大判錦絵（堅絵）　山口県立萩美術館・浦上記念館　Hundred Famous Views of Edo: Fukagawa, Utagawa Hiroshige, Hagi Uragami Museum

江戸湾に面した洲崎は潮干狩りの名所であり、また初日の出の名所でも知られる。ここでは洲崎から見える10万坪を描いている。大きく広げた鷲の羽が画面を覆い、遠景には湿地帯と雪を戴いた筑波山の山並みが見える。

P266.267

名所江戸百景 箕輪金杉三河しま　歌川広重

大判錦絵（堅絵）　山口県立萩美術館・浦上記念館

One Hundred Famous Views of Edo: Minowa, Kanasugi, and Mikawashima, Utagawa Hiroshige, Hagi Uragami Museum

箕輪（三ノ輪 現・荒川区、江東区）、金杉（現・荒川区、江東区）、三河島（現・荒川区）はいずれも吉原の北西に位置するところで、三河島には毎年10月頃には鶴が飛来したといわれる。画面上方から鶴が舞い降りる大胆な構図とフォルムで構成されている。

P 268

松にいんこ　歌川広重

大短冊判錦絵（堅絵）　山口県立萩美術館・浦上記念館

Macaw in Pine Tree, Utagawa Hiroshige, Hagi Uragami Museum

歌川広重がそれまでの浮世絵界では幾分なおざりにされていた花鳥版画の作品を手がけたのは『東海道五拾三次』をはじめとする風景画の制作を行ったと同じ天保年間初めの頃（1830）である。ここに掲載した短冊形の花鳥画に優品が多い。

P269

雪中小松に山鳥　歌川広重

大短冊判1枚　山口県立萩美術館・浦上記念館

Pheasant on Pine Tree in Snow, Utagawa Hiroshige, Hagi Uragami Museum

P272.273

白練貫地草花文様段片身替小袖 重文

桃山時代（16世紀）　京都国立博物館

Kosode with Alternating Blocks of Flowers and Plants in Embroidery and Gold Leaf, important cultural asset, Momoyama period (sixteenth century), Kyoto National Museum

P276.277

浅葱金茶段秋草文様唐織

江戸時代（18世紀）　京都国立博物館

Karaori No Costume with Autumn Plants on Alternating Bands of Light Blue, Gold, and Brown, Edo period(eighteenth century)Kyoto National Museum

P280.281

黒綸子地菊水模様絞縫箔小袖

江戸初期　国立歴史民俗博物館

Black Satin Kosode with Chrysanthemum in Water Motif in Embroidery and Surihaku (metallic foil), early Edo period, National Museum of Japanese History

P284.285

浅葱縮緬地文字雪持南天模様染縫振袖

江戸後期　国立歴史民俗博物館

Pale Blue Silk Crepe Furisode (full-sleeved kimono) with Chive Flowers, Late Edo period National Museum of Japanese History

P288.289
紅綸子地松竹梅蓬莱文様打掛
江戸時代（19世紀）　京都国立博物館
Uchikake (formal outer robe) with Pine, Bamboo, and Plum Blossoms, Edo period (nineteenth century), Kyoto National Museum

P292.293
花鳥蒔絵螺鈿角徳利
桃山時代（16世紀）　京都国立博物館　Saka Decanters with Flowers and Birds in Makie and Mother-of-Pearl Inlay, Momoyama period (sixteenth century), Kyoto National Museum

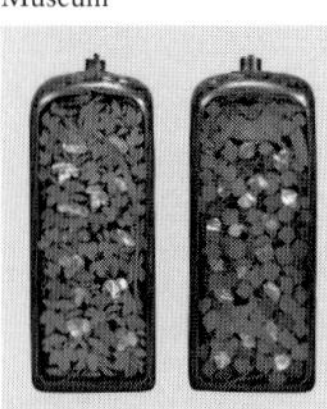

P296.297
桔梗蝶菊桐紋蒔絵広蓋
桃山時代（16世紀）　京都国立博物館
Box Lid with Bellflowers, Butterflies, Chrysanthemums, and Paulownia Crests in Makie, Momoyama period (sixteenth century), Kyoto National Museum

P300.301
南天漆絵盆
江戸時代（18世紀）　京都国立博物館
Round Trays with Nandias in Lacquer, Edo period (eighteenth century), Kyoto National Museum

P304.305
蝶薄蒔絵盥
江戸時代（18世紀）　京都国立博物館
Washbasin with Butterflies and Pampas Grass in Makie, Edo period, eighteenth century, Kyoto National Museum

P308
金地群鶴文蒔絵櫛
銘奄月斉　江戸時代　国立歴史民俗博物館
Gold Comb with Cranes in Makie, En Gessai, Edo period, National Museum of Japanese History

P309
金地笹葉蛍螺鈿蒔絵櫛
銘黄笛　江戸時代　国立歴史民俗博物館
Gold Comb with Bamboo and Fireflies in Makie and Mother-of-Pearl Inlay, Kouteki Edo period, National Museum of Japanese History

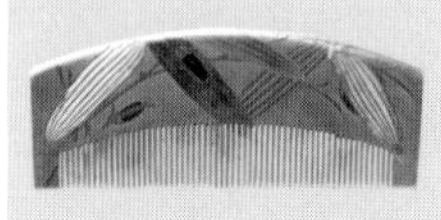

P312
金地月秋草虫蒔絵
江戸時代　国立歴史民俗博物館
Gold Comb with Grasses and Insects in Moonlight, Edo period, National Museum of Japanese History

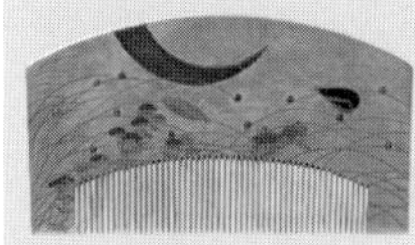

P313
鼈甲秋草虫蒔絵櫛
羊遊斉作　江戸時代　国立歴史民俗博物館
Tortoise Shell Comb with Fall Grasses and Insects in Makie, Youyusai, Edo period, National Museum of Japanese History

P316.317
揚羽蝶金蒔絵櫛
江戸時代～明治時代　国立歴史民俗博物館
Comb with Gold Swallow-tail Butterfly in Makie, Edo - Meiji period, National Museum of Japanese History

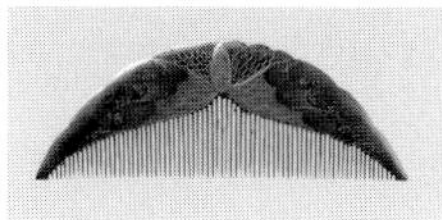

P 320. 321
柳橋図蒔絵鞍
天正13年（1585）　馬の博物館
Saddle with Yanagi Bridge in Makie, 1585, Horse Museum

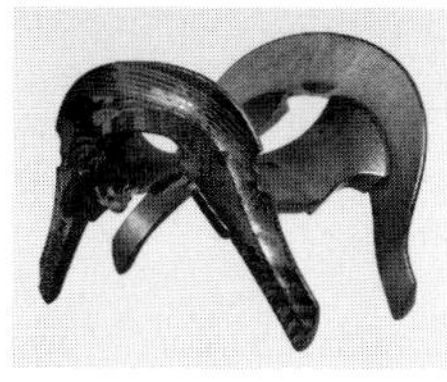

P324.325
岩牡丹蒔絵鞍・鐙
寛文13年（1673）　馬の博物館
Saddle and Stirrups with Ariocarpus Retusus in Makie, 1673, Horse Museum

P328.329
群鶴蒔絵鞍 在銘
江戸時代　馬の博物館（高津古文化会館旧蔵）
Saddle with Cranes in Makie, Edo period,
Horse Museum(previously at Kozu Kobunka Museum)

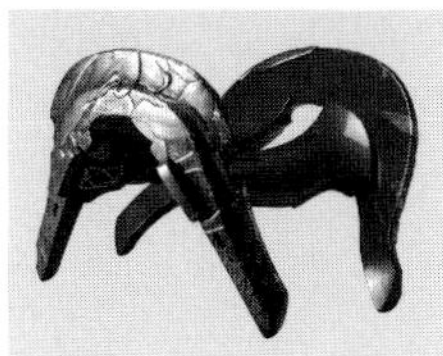

P332.333
秋草銀象嵌鐙 銘　加州大聖持住盛重
江戸時代　馬の博物館
Stirrup with Fall Grasses in Silver Inlay, Morishige Edo period, Horse Museum

P336.337
阿須賀古神宝類 唐花双鶴文鏡 国宝
南北朝時代（14世紀）　京都国立博物館
Sacred Treasures of the Asuka Shrine: Mirror with Floral Arabesques and Pair of Cranes, National Treasure,
Nanboku-cho period (fourteenth century), Kyoto National Museum

P340.341
南天柄鏡　河上山城守宗次
江戸時代（18世紀）　京都国立博物館
Hand Mirror with Nandia, Kawakami Munetsugu,
Edo period (eighteenth century), Kyoto National Museum

P344

梅樹透鐔 無銘　伝京正阿弥

江戸時代（17～19世紀）　京都国立博物館

Tsuba (sword guard) with Plum Tree in Openwork, attributed to Kyo-Shoami, Edo period, Kyoto National Museum

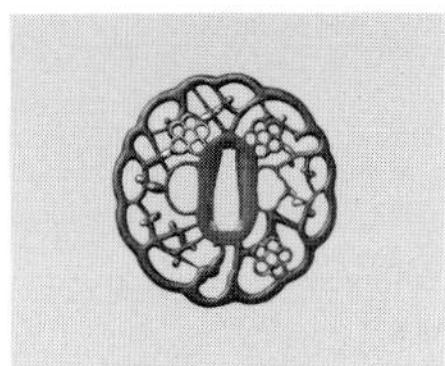

P345

菊透鐔 銘　玉松軒菊川久英（花押）

江戸時代（17～19世紀）　京都国立博物館

Tsuba (sword guard) with Chrysanthemums in Openwork, inscription and seal of Gyokushoken Kikukawa , Edo period, Kyoto National Museum

P348.349

色絵花卉文九角皿

江戸時代（17世紀）　京都国立博物館

Kutani Dish with Flowers and Bird in Overglaze Enamels, Edo period (seventeenth century), Kyoto National Museum

P352.353

古清水色絵松竹梅文高杯

江戸時代（18世紀）　京都国立博物館

Stem Plate with Pine, Bamboo, and Plums in Overglaze Enamels, Edo period (eighteenth century), Kyoto National Museum

P356.357

鍋島色絵椿文皿

江戸時代（17～18世紀）　京都国立博物館

Polychrome Overglaze Enameled Dish with a Design of Camellias, Edo period (seventeenth-eighteenth century), Kyoto National Museum

P360.361

色絵桜紅葉文大鉢（雲錦手）　仁阿弥道八

江戸時代（19世紀）　京都国立博物館

Large Bowl with Cloud Brocade Design in Overglaze Enamels, Ninami Dohachi, Edo period (nineteenth century), Kyoto National Museum

P364.365

七宝柳燕文花瓶

明治時代（19世紀）　京都国立博物館

Owari Vase with Willows and Swallows and Linked Lozenges, Takeuchi Chubei, Meiji period (nineteenth century), Kyoto National Museum

P368

色絵朝顔瓢箪文鶏鈕大香炉

明治12～24時代（19世紀）　京都国立博物館

Incense Burner with Rooster-shaped Knob and Morning Glories and Gourds in Overglaze Enamels, Meiji period (nineteenth century), Kyoto National Museum

画家略伝

阿部春峰（あべ しゅんぽ）

Shunpo Abe

明治10年～昭和31年（1877-1956）

明治・昭和期の日本画家。福岡県鞍手郡に生まれる。本名は清太郎。京都に出て深田直城、菊池芳文（文久2～大正7年・1862-1918）に師事し花鳥画を学ぶ。明治40年（1907）第1回文展に「青嵐」が入選、第2回展で「秋ばれ・夕ざめ」で3等賞、以後も受賞を重ねる。昭和2年（1927）帝展審査委員となり、第8回帝展に「芙蓉」を出品する。昭和15年（1904）紀元二千六百年奉祝美術展に「黒部合流点」を出品、また文部省の命をうけ中国を視察した。

［掲載頁 252, 253頁］

池田孤村（いけだ こそん）

Koson Ikeda

享和元～慶応2年（1801-66）

江戸時代後期の画家。越後（えちご）に生まれる。名は三信、字（あざな）は周二。別号は画戦軒、旧松軒など。若い時に江戸に出て酒井抱一（ほういつ）（宝暦11～文政11年・1761-1828）について琳派様式を学ぶ。晩年には中国の明画（みんが）様式を併せて学び取り入れた。代表作に「檜図」屏風、編著に『光琳新撰百図』、『抱一上人真蹟鏡』、『池田孤村画帖』などがある。

［掲載頁 101頁］

石崎光瑤（いしざき こうよう）

Koyo Ishizaki

明治17～昭和22年（1884-1947）

大正・昭和期の日本画家。富山県西礪波郡福光村（現・南砺市）に生まれる。本名猪四一（ししいち）。明治29年（1896）に東京に出て琳派の山本光一に師事する。明治36年（1903）に京都の竹内栖鳳（せいほう）（元治元～昭和17年・1864-1942）に入門する。大正元年（1912）の第6回文展に「薫園」が初入選、以後文展、帝展に出品を続ける。大正7年（1918）第12回文展で「熱国妍春」（京都国立近代美術館）が、翌年第1回帝展で「燦雨」が特選となる。大正5～6年（1916-17）、11～12年（1922-23）にわたりインド・ヒマラヤを旅行し、古代美術や自然風景に感銘をうける。その成果をふまえ和歌山県高野山金剛峯寺貴賓室の襖絵を制作する。写実にもとづく明るい色彩の華麗な装飾絵画を得意とした。大正14年（1925）から昭和20年（1945）まで京都市立絵画専門学校の教員を務めた。

［掲載頁 190, 191, 194, 195, 198, 199, 202, 203, 206, 207, 210, 211, 214, 215, 218, 219, 222-235, 238, 239, 226, 227, 230, 231, 234, 235, 238, 239, 242, 243, 246, 247, 250, 251, 254, 255, 258, 259頁］

石田幽汀（いしだ ゆうてい）

Yutei Ishida

享保6～天明6年（1721-86）

江戸時代中期の画家。播磨（はりま）明石に橘七衛門の子として生まれる。本姓は橘（たちばな）、名は守直といい、幽汀と号した。のち京都に出て町年寄石田家の養子となる。江戸狩野の流れを汲む鶴沢探鯨（たんげい）に師事する。写生をもとに装飾性の強い絵を描いた。江戸時代初期、狩野探幽を中心に一世を風靡した江戸狩野と、写生画派・装飾画派をはじめ多様な展開をみせる江戸中期の京都画壇の間をつなぐ絵師として注目される。作品には京都・醍醐寺三宝院襖絵の「葵祭図」、「蘇鉄図」、そして「草花図」屏風（京都・三時知恩院）などがある。

［掲載頁 56, 57頁］

伊藤若冲（いとう じゃくちゅう）

Jakuchu Ito

正徳6～寛政12年（1716-1800）

江戸時代中期の画家。京都高倉錦小路の青物問屋「枡源（ますげん）」の長男として生まれる。本名源左衛門、名は汝鈞（じょきん）、字（あざな）は景和（けいわ）。また絵を依頼する人は必ず米一斗をもって謝礼としたことから斗米庵（とべいあん）、そして心遠館と号した。はじめ狩野派を学び写生の重要性を認識し、さらにその後、中国の宋・元・明の花鳥画を模写した。また尾形光琳（万治元～享保元年・1658-1716）の画風を研究し独自の画風を開いた。とくに鶏の絵を得意とし、写生を基礎にした装飾性のある作品を描いた。生涯独身で、晩年は京都深草の石峯寺（せきほうじ）の近くに隠棲し、五百羅漢を制作した。代表作に「動植綵絵（どうしょくさいえ）」30幅（宮内庁三の丸尚蔵館）、鹿苑寺（ろくおんじ）大書院水墨襖絵、「仙人掌群鶏図」襖絵（豊中市・西福寺）などがある。

［掲載頁 36, 37, 40, 41, 44, 45, 48, 49, 52, 53頁］

今尾景年（いまお けいねん）

Keinen Imao

弘化2～大正13年（1845-1924）

明治・大正期の日本画家。京都に生まれる。名は永勧、字（あざな）は子裕。別号に景年、養素斎、聊自楽居などがある。幼い頃より絵に親しみ、11歳の時、梅川東居に浮世絵を学び、14歳で鈴木百年（ひゃくねん）（文政8～明治24年・1825-91）に師事し四条円山派を学ぶ。明治13年（1880）京都府画学校に出仕。明治28年（1895）第4回内国勧業博2等賞、同26年（1893）シカゴ万国博名誉賞牌、同33年（1900）パリ万国博銀牌を受賞。同37年（1904）帝室技芸員、大正8年（1919）帝国美術院会員。作品に「松間朧月図」（明治19年・1886）、「老松図」屏風、「月下水禽図」、「躍鯉図」、「四季花鳥」など、画譜に『景年花鳥画譜』（明治24~25・1891-2）がある。

［掲載頁 144, 145, 148, 149, 152, 153頁］

歌川国芳（うたがわ くによし）

Kuniyoshi Utagawa

寛政9～文久元年（1797-1861）

江戸時代後期の浮世絵師。神田の染物業柳屋吉右衛門の子として生まれる。姓は井草、通称は孫三郎。別号に一勇斎、朝桜楼。文化8年（1811）15歳で初代歌川豊国（明和6～文政8年・1769-1825）の門下となる。文政10年（1827）頃から版行され始めた錦絵のシリーズ『通俗水滸伝豪傑百八人之壱個』により人気を博し、「武者絵の国芳」と呼ばれた。風景画、役者絵、花鳥画、風刺画、肉筆画と画域も広く、代表作に『東京名所』、『唐土二十四孝』、『荷宝蔵壁のむだ書』などがある。

［掲載頁 260, 261頁］

歌川広重（うたがわ ひろしげ）（初代）

Hiroshige Utagawa

寛政9～安政5年（1797-1858）

江戸時代後期の浮世絵師。江戸八重洲河岸定火消（やえすがしじょうびけし）組同心安藤源右衛門の長男として生まれる。幼名を徳太郎、俗称を重右衛門、のち徳兵衛といい、一遊斎、一立斎（いちりゅうさい）などと号す。文化6年（1809）家職を継ぎ、同8年歌川豊広に入門し、狩野派を岡島林斎に、南画を大岡雲峰に学ぶ。天保3年（1832）幕府八朔（はっさく・家康江戸入府の記念日）の御馬献上行列に随行し、東海道を京都に上った折々の写生をもとに描いた天保4年（1833）の保永堂版『東海道五拾三次』（全55枚）で人気を得て、一躍風景画家としての地位を確立した。この頃から天保末年にかけて『近江八景』（全8枚）、『江戸近郊八景』（全8枚）、『木曾海道六拾九次』（全70枚）などのシリーズを発表、広重の芸術的絶頂期を極めた。

［掲載頁 264, 265, 268, 269頁］

大口義卿（おおぐち ぎきょう）

Gikyo Oguchi

生没年不詳。安政度の御所造営に際しては、御常御殿（おつねごてん）西御座敷の杉戸2面に「楊ニ鷺図」を描いている。画歴不詳。

［掲載頁 132, 133頁］

尾形光琳（おがた こうりん）

Korin Ogata

万治元～享保元年（1658-1716）

江戸時代中期の画家。京都の呉服商の老舗雁金屋（かりがねや）宗謙の次男として生まれる。弟に陶芸家として名高い乾山（けんざん）がいる。名は惟富（これとみ）、方祝（まさとき）など、号は澗声（かんせい）、道崇、青々、寂明などを用いた。幼少より多趣味な父の影響を受け、絵は初め狩野派の画家山本素軒に学んだ。のちに生家に伝わる俵屋宗達の絵画に傾倒し、その装飾的様式の画風を復興させ宗達光琳派を大成させた。元禄14年（1701）二条家の推挙で法橋（ほっきょう）となり、「燕子花図」屏風（東京・根津美術館）を描き独自の画風を確立した。また宝永元年（1704）に江戸に下り、銀座役人中村内蔵助（くらのすけ）（寛文8～享保15年・1668-1730）を介して大名家に出仕し、「波濤図」屏風（メトロポリタン美術館）を描いた。正徳2年（1712）京にもどった光琳は、晩年、乾山の陶器の絵付、俵屋宗達「風神・雷神図」の模写（東京国立博物館）、「孔雀・立葵図」屏風を描き、彼の代表作「紅白梅図」屏風（静岡・MOA美術館）を完成させた。

［掲載頁 28, 29頁］

岡本秋暉（おかもと しゅうき）

Shuki Okamoto

文化4～文久2年（1807-62）

江戸時代後期の画家。江戸に生まれる。石黒政美（まさよし）の子。通称は祐之丞（すけのじょう）、別号は秋翁、隆仙など。大西圭斎（けいさい）について中国人画家・沈南蘋（しんなんぴん）の濃彩細密な写生的花鳥画を学び、のちに渡辺崋山（寛政5～天保12年・1793-1841）に師事した。母方の姓を継ぎ、相模（さがみ）小田原藩主大久保家に仕えた。写生をもとにした精緻な表現を基調に、装飾性が加味された花鳥画を得意とした。代表作に「四季花鳥図」屏風や小田原城の障壁画などがある。

［掲載頁 100頁］

小茂田青樹（おもだ せいじゅ）

Seiju Omoda

明治24～昭和8年（1891-1933）

大正・昭和期の日本画家。埼玉県川越生まれ。旧姓は小島、幼名は茂吉、のち茂。明治41年（1908）松本楓湖（ふうこ）（天保11～大正12年・1840-1923）の安雅堂画塾に学ぶ。巽（たつみ）画会に出品し、大正3年（1914）今村紫紅（しこう）らと赤曜（せきよう）会を結成する。同会解散後も目黒派として院展で活躍、大正4年（1951）の院展に「小泉夜雨」が初入選、同10年（1921）日本美術院同人となる。昭和4年（1929）杉立（さんりつ）社を組織し後進を育成した。山水・花鳥画を能くし、幻想的で装飾的な独自の世界を築きあげた。作品に「出雲江角港」（大正10年・1921）、「蟲魚画巻」（昭和6年・1931）がある。

［掲載頁 212, 213頁］

葛飾北斎（かつしか ほくさい）

Hokusai Katsushika

宝暦10～嘉永2年（1760-1849）

江戸時代後期の浮世絵師。江戸本所割下水（わりげすい）に幕府御用鏡師中島伊勢、または川村某の子として生まれる。幼名は時太郎といい後年鉄蔵と改めた。安永7年（1778）役者絵の大家として知られた勝川春章（かつかわしゅんしょう）（享保11～寛政4年・1726-92）に入門、翌年勝川春朗（しゅんろう）と号し、同派の絵師として役者絵や黄表紙などの挿し絵を描く。のちに狩野派、住吉派、琳派（りんぱ）、さらに洋風銅版画の画法を取り入れ独自の画風を確立した。文化年間（1804-18）前期には読本挿し絵を数多く手がけ、文化11年（1814）絵手本『北斎漫画』初編を版行した。風景画の代表作『冨嶽（ふがく）三十六景』（全46枚）、『諸国滝廻（たきめぐ）り』（全11枚）などのシリ－ズがある。奇行で知られ、生涯に93回も転居をし、画号を改めること二十数度、主だった号に画狂人（がきょうじん）、戴斗（たいと）、為一（いいつ）、画狂老人（がきょうろうじん）、卍（まんじ）などが知られている。

［掲載頁 262, 263, 266, 267頁］

加藤英舟（かとう えいしゅう）
Eishu Kato

明治6～昭和14年（1873-1939）

明治・昭和前期の日本画家。愛知県に生まれる。本名は栄之助。幸野楳嶺（こうのばいれい）（天保15～明治28年・1844-95）、岸竹堂（きしちくどう）（文政9～明治30年・1826-97）、竹内栖鳳（せいほう）（元治元～昭和17年・1864-1942）に師事する。京都市美術工芸品展、内国勧業博覧会などで受賞し、明治41年（1908）文展に初入選する。以後文展、帝展を中心に活躍し、花鳥画を得意とした。作品に「うそ寒」、「秋晴」などがある。

［掲載頁 248, 249頁］

狩野永岳（かのう えいがく）
Eigaku Kano

寛政2～慶応3年（1790-1867）

江戸時代後期の画家。狩野永章の子で京狩野八代狩野永俊の養子となり、九代を継ぐ。通称は縫殿助、号は山梁、脱庵、晩翠。御所の御用を務めると共に、文政6年（1823）九条家の家臣となった。安政度の御所造営に従事し、御常御殿（おつねごてん）上段の間、一の間、御学問所上段の間など、主要な部屋の障壁画を担当する。他に桂宮（かつらのみや）御殿障壁画（弘化4年・1847・現在の二条城本丸御殿）、妙心寺隣華院（りんかいん）方丈障壁画、長浜別院大通寺障壁画などが代表作である。

［掲載頁 108, 109頁］

狩野永良（かのう えいりょう）
Eiryo Kano

寛保元～明和8年（1741-71）

江戸時代中期の画家。通称は縫殿助、号は山晟。狩野永伯の養子。京狩野家六代を継ぎ、御所の絵師を務める。31歳の若さで没している。

［掲載頁 60, 61頁］

狩野養信（かのう おさのぶ）
Osanobu Kano

寛政8～弘化3年（1796-1846）

江戸時代後期の画家。江戸に生まれる。狩野栄信（ながのぶ）（安永4～文政11年・1775-1828）の長男。通称は庄三郎、号は晴川院（せいせんいん）、会心斎。江戸木挽町（こびきちょう）狩野家九代。中国や日本の古名画の模写に力を注ぎ、形式化した狩野派を原点から再出発させた。江戸城西の丸や本丸の障壁画を制作した。狩野派最後の大家といわれる。作品に「源氏物語 初音紅葉狩図」屏風（京都・法然寺）、「夏冬山水図」などがある。

［掲載頁 84, 85］

狩野周信（かのう ちかのぶ）
Chikanobu Kano

万治3～享保13年（1660-1728）

江戸時代中期の画家。江戸に生まれる。狩野常信（寛永13～正徳3年・1636-1713）の長男。通称は右近、号は如川、泰寓斎。正徳3年（1713）木挽町（こびきちょう）狩野家三代を継ぐ。延宝6年（1678）徳川家綱に謁し、江戸城に障壁画を描く。享保4年（1719）法眼（ほうげん）となり、同年朝鮮へ贈る屏風絵を描いた。

［掲載頁 33頁］

狩野常信（かのう つねのぶ）
Tsunenobu Kano

寛永13～正徳3年（1636-1713）

江戸時代後期の画家。京都に生まれる。狩野尚信（慶長12～慶安3年・1607-50）の長男。通称は右近、号は養朴（ようぼく）、古川叟（こせんそう）、青白斎。慶安3年（1650）父の跡を継ぎ、木挽町（こびきちょう）狩野家二代を継ぐ。15歳の頃、伯父狩野探幽（たんゆう）（慶長7〜延宝2年・1602-74）に引き取られ、その薫陶を受ける。承応、寛文、延宝、宝永期の各内裏造営の障壁画制作に従事し、宝永年間には狩野派の最高指導者として紫宸殿（ししんでん）の「賢聖障子（けんじょうのそうじ）」（宝永6年・1709）を描く。代表作に大徳寺玉林院の襖絵などがある。
［掲載頁 24, 25］

狩野芳崖（かのう ほうがい）

Hogai Kano
文政11〜明治21年（1828-88）

幕末・明治期の日本画家。長門（ながと）長府藩の御用絵師狩野晴皐（せいこう）の長男として生まれる。幼名は幸太郎、字（あざな）は貫甫。別号は松隣、勝海など。はじめ父に学び、弘化3年（1846）江戸に出て狩野養信（おさのぶ）（寛政8〜弘化3年・1796-1846）、狩野雅信（ただのぶ）（文政6〜明治13年・1823-80）に師事する。一時帰郷し浜辺測量などを行うが、明治10年（1877）再び上京し陶漆器の下絵などを描く。明治17年（1884）に第2回内国絵画共進会に出品した「桜下勇駒図」、「雪景山水図」がフェノロサに認められ、フェノロサの主宰する鑑画会に参加。以後、岡倉天心と協力して日本画の近代化に力をそそいだ。死の直前に描いた「悲母観音像」（明治21年・東京藝術大学）は近代日本画の代表作の一つとして名高い。
［掲載頁 14, 15, 18, 19, 22, 23, 26, 27, 30, 31, 34, 35頁］

狩野元信（かのう もとのぶ）

Motonobu Kano
文明8〜永禄2年（1476-1559）

戦国時代の画家。狩野派の始祖狩野正信（永享6〜享禄3年・1434-1503）の長男。幼名は四郎二郎、のちに大炊助（おおいのすけ）。越前守に任ぜられ、永仙と号した。漢画と倭絵（やまとえ）の色彩や装飾性を融合した明快で平明な障壁画様式をつくりあげ、その後狩野派の基礎を築いた。元信は幕府をはじめ宮廷、武家、町衆などの幅広い依頼に応じるべく、多くの門人を率いて制作した。相阿弥（そうあみ）らと制作した大徳寺大仙院客殿の襖絵は妙心寺霊雲院方丈襖絵（天文12年・1543）と共に元信の障壁画の代表作である。他に「瀟湘（しょうしょう）八景図」（京都・妙心寺東海庵）、「四季花鳥図」屛風、「清涼寺縁起絵巻」（京都・清涼寺）などがある。
［掲載頁 16, 17頁］

岸 駒（がん く）

Ku Gan
寛延2/宝暦6〜天保9年（1749/56-1838）

江戸時代後期の画家。岸派（きしは）の祖。加賀に生まれる。姓は佐伯、のちに岸、名は昌明、字（あざな）は賁然（ひぜん）、雅楽助（うたのすけ）といい、同巧館、可観堂と号す。安永9年（1780）京都に上って沈南蘋（しんなんぴん）や円山派などの画風を学んだ。鳥獣を描くことを好み、とくに虎を得意とし、独自の画風を確立した。天明年間（1781-89）内裏障壁画制作に従事、また文化6年（1809）前田侯に召され金沢城の障壁画を制作した。作品は「猛虎図」、「虎に波図」屛風（東京国立博物館）などがある。
［掲載頁 80頁］

菊池芳文（きくち ほうぶん）

Hobun Kikuchi
文久2〜大正7年（1862-1918）

明治・大正期の日本画家。大坂に生まれる。旧姓は三原、本名は常次郎。滋野芳園に学び、明治14年（1881）四条派の幸野楳嶺（こうのばいれい）（天保15〜明治28年・1844-95）に師事する。明治15年（1822）第1回内国絵画共進会で銅賞、明治23年（1890）第3回内国勧業博で「春秋花鳥」が3等賞、同36年（1903）第5回展で「春の夕」などで2等賞を受賞した。文展審査員、京都市立絵画専門学校教授、帝室技芸員を務めた。
［掲載頁209頁］

岸 竹堂（きし ちくどう）

Chikudo Kishi

文政9〜明治30年（1826-97）

明治時代の日本画家。近江（おうみ）彦根に生まれる。本名は昌禄、通称は八郎。狩野永岳（えいがく）（寛政2〜慶応3年・1790-1867）に学び、次いで岸連山（文化元〜安政6年・1804-59）に師事し、その養子となる。有栖川宮（ありすがわのみや）家に仕えるが、維新後は友禅下絵などを描く。明治23年（1890）第3回内国勧業博で2等銀牌を受賞、同29年（1896）帝室技芸員となった。鳥獣画、とくに虎を得意とした。作品に「孔雀図」（明治28年・1895）、「月下猫児図」（明治29年・1896）などがある。
［掲載頁180, 181, 184, 185頁］

岸 連山（きし れんざん）

Renzan Kishi

文化元〜安政6年（1804-59）

江戸時代後期の画家。京都に生まれる。本姓は青木、名は徳、字（あざな）は士道、別号に士進、連山、万象楼がある。岸駒（がんく）（寛延2/宝暦6〜天保9年・1749/56-1838）に師事し、養子となって岸派を継ぐ。文政6年（1823）有栖川宮（ありすがわのみや）家に仕える。初期の装飾的な画風から、晩年は四条派の温和な作風に変わった。代表作に「獅子図」屏風などがある。安政度の御所造営では御常御殿（おつねごてん）申口の間、御学問所雁の間、迎春南の間などを担当した。岸派の筆法を受け継ぎながらも、身近な花鳥や鳥獣を穏やかに描いている。
［掲載頁172, 173頁］

呉春（ごしゅん）

Goshun

（松村月溪・まつむらげっけい）

宝暦2〜文化8年（1752-1811）

江戸時代後期の画家。四条派の祖。京都に生まれる。金座年寄役松村匡程の子。名は豊昌、字（あざな）は伯望、通称は文蔵、俳号を月渓と号す。はじめ大西酔月（すいげつ）に絵を、与謝蕪村（よさぶそん）（享保元〜天明3年・1716-83）に俳諧と絵を学んだ。天明元年（1781）に摂津（せっつ）池田（呉服里・くれはのさと）に滞在する。その地で春を迎えたことにより呉春と改名。8年間の池田時代を経て京都に戻り、円山応挙（享保18〜寛政7年・1733-95）らと交流を深め、その写生画風の影響を受け、独自の画風を確立した。京都市四条東洞院（ひがしのとういん）に住し、弟子も多く集まったためその一派は四条派と呼ばれた。代表作に「木芙蓉鵁鶄（もくふようこうせい）図」（西宮市・黒川古文化研究所）、「梅林図」（池田市・逸翁美術館）、「群山露頂図」などがある。
［掲載頁88, 89頁］

近藤梁渓（こんどう りょうけい）

Ryokei Kondo

生没年不詳。

江戸時代後期の画家。安政度の御所造営に際しては、御三間（おみま）東御縁座敷北方の杉戸2面に「雪中小鳥図」を描いているが、画歴については不詳。
［掲載頁136, 137頁］

酒井抱一（さかい ほういつ）

Hoitsu Sakai

宝暦11〜文政11年（1761-1828）

江戸時代後期の画家。江戸に生まれる。酒井忠仰（ただもち）の次男。播磨（はりま）姫路藩主酒井忠以（ただざね）の弟。名は忠因（ただなお）、字（あざな）は暉真。号は鶯村（おうそん）、軽挙道人、通称は栄八。37歳で出家し、のち文化6年（1809）江戸根岸に雨華庵を結ぶ。絵ははじめ狩野高信（たかのぶ）から狩野風を学び、南蘋（なんぴん）風の花鳥画、浮世絵、円山派、土佐派など広く学び、のち尾形光琳（こうりん）（万治元～享保元年・1658-1716）の作品に接し深く傾倒する。文化12年（1815）には光琳百年忌を催し、『光琳百図』、『尾形流略印譜』を刊行する。代表作は光琳筆の「風神・雷神図」屛風の裏面に描いた「夏秋草図」屛風（東京国立博物館）、「花鳥十二ヶ月図」（宮内庁三の丸尚蔵館）、「秋草鶉図」屛風などがある。
［掲載頁 38, 39, 42, 43, 46, 47, 50, 51, 54, 55, 58, 59, 62-79, 82, 83, 86, 87, 90, 91, 94, 95, 98, 99, 102, 103, 106, 107頁］

塩川文麟（しおかわ ぶんりん）

Bunrin Shiokawa

文化5～明治10年（1808-77）

幕末維新の画家。京都に生まれる。字（あざな）は子温（しおん）、通称は図書（ずしょ）。はじめ雲章と号し、のち文麟と改める。別に可竹斎（かちくさい）、泉章、木仏道人などの号がある。岡本豊彦（とよひこ）（安永2～弘化2年・1773-1845）に学び、維新期の四条派の中心的な存在となる。慶応2年（1866）京都の画家をあつめ如雲（じょうん）社を結成、明治京都画壇の基礎をきずく。安政度の御所造営では、御常御殿（おつねごてん）小座敷下の間、皇后宮常御殿御化粧の間を担当した。門下に幸野楳嶺（こうのばいれい）、野村文挙（ぶんきょ）、内海吉堂（きちどう）などがいた。山水、人物、花鳥とあらゆる画域をこなし、爽やかで明るく知的な作風を築き上げた。
［掲載頁 169頁］

下村観山（しもむら かんざん）

Kanzan Shimomura

明治6～昭和5年（1873-1930）

明治・大正期の日本画家。和歌山県に生まれる。本名は晴三郎。明治14年（1881）東京に移り、祖父の友人藤島常興に絵の手ほどきを受け、次いで狩野芳崖（ほうがい）（文政11～明治21年・1828-88）、橋本雅邦（がほう）（天保6～明治41年・1835-1908）に師事。明治22年（1889）この年に開校した東京美術学校に入学、岡倉天心（文久2～大正2年・1862-1913）の薫陶を受ける。とくに仏画、倭絵（やまとえ）などの手法を研究、卒業制作に「熊野観花（ゆやかんか）」がある。明治31年（1898）日本美術院創立に正員として加わる。同36年イギリスに留学。同40年（1907）第1回文展で審査員を務め、「木の間の秋」を発表。大正6（1917）帝室技芸員。作品に「白狐」（大正3年・1914）、「弱法師（よろぼし）」（大正4年・1915）などがある。
［掲載頁 192, 193頁］

雪舟等楊（せっしゅう とうよう）

Toyo Sesshu

応永27～永正3年（1420-1506）

室町・戦国時代の画家。備中（びっちゅう）赤浜に生まれる。本姓は小田、諱（いみな）は等楊。永享年間初め（1429）頃、上洛、相国寺（しょうこくじ）に入り春林周藤（しゅんりんしゅうとう）に禅の教えを受け、画技は周文（しゅうぶん）（室町時代の画僧）に学んだ。周防（すおう）に雲谷（うんこく）庵を開き、応仁元～文明元年（1467-69）遣明使の一行に加わり明に渡る。雪舟の画技は幅が広く、また独自の山水画を研究し日本の水墨画を大成した。主な作品に「四季山水図」（東京国立博物館）、「山水長巻」（文明18年・1486・毛利奉公会）、「破墨山水図」（明応4年・1495・東京国立博物館）、「慧可断臂（えかだんぴ）図」（明応5年・1496・愛知・斎年寺）、「天橋立図」（文亀2年頃・京都国立博物館）などがある。
［掲載頁 8, 9, 12, 13頁］

滝 和亭（たき かてい）

Katei Taki

天保3～明治34年（1832-1901）

明治時代の日本画家。江戸千駄ヶ谷に生まれる。本姓は滝宮。名は謙、字（あざな）は子直、別号は蘭田。はじめ大岡雲峰（明和2～嘉永元年・1765-1848）に師事し、のち長崎で鉄翁（てつとう）祖門（寛政3～明治4年・1791-1871）に学ぶ。明治6年（1873）ウィーン万国博、同26年（1893）シカゴ万国博などに出品して受賞。花鳥画を得意とし、宮内省、外務省の絵画御用を務め、明治26年（1893）帝室技芸員となる。

［掲載頁 104, 105頁］

竹内栖鳳（たけうち せいほう）

Seiho Takeuchi

元治元～昭和17年（1864-1942）

明治・昭和期の日本画家。京都に生まれる。本名は恒吉。はじめ土田英林（えいりん）に学び、明治14年（1881）四条派の幸野楳嶺（こうのばいれい）（天保15～明治28年・1844-95）に師事して棲鳳（せいほう）と号する。第1回内国絵画共進会に「雁に双鶴」、「瀑布」が入選、以後、共進会や内外の博覧会での受賞を重ねる。明治16年（1883）京都府画学校に出仕、大正13年（1924）まで教員を務める。明治33年（1900）から翌年にかけて渡欧し、帰国後は号を栖鳳と改める。円山四条派の手法をもとに西洋画法を取り入れて独自の画風を確立する。代表作に「アレタ立に」（明治42年・1909）、「絵になる最初（はじめ）」、「雨霽（うせい）」（明治40年・1907）、「斑猫（はんびょう）」（大正13年・1924）などがある。門下からは上村松園（しょうえん）、西山翠嶂（すいしょう）、土田麦僊（ばくせん）、小野竹喬（ちっきょう）、徳岡神泉（しんせん）らが輩出している。

［掲載頁 146, 147, 150, 151, 154-168, 170, 171, 174, 175, 178, 179, 182, 183, 186, 187頁］

俵屋宗達（たわらや そうたつ）

Sotatsu Tawaraya

生没年不詳。桃山から江戸時代前期の画家。「伊年（いねん）」印を用い、号は対青軒。京都で活躍した町絵師で、「俵屋」はその屋号。上層町衆の一人として、公卿烏丸光広（からすまみつひろ）や茶人・千少庵（せんのしょうあん）、書・陶芸・漆芸家として名高い本阿弥光悦（ほんあみこうえつ）らと親交があった。慶長年間（1596-1615）光悦の書の下絵を金銀泥絵で描いた「四季草花下絵和歌巻」（東京・畠山記念館）などの傑作を遺した。また没骨（もっこつ）、たらし込みなどの技法を使った「蓮池水禽図」（京都国立博物館）を描いて倭絵（やまとえ）風の水墨画を完成させた。代表作には「松島図」屏風（フリア美術館）、「舞楽図」屏風（京都・醍醐寺）、「関屋・澪標（みおつくし）図」屏風（東京・清嘉堂文庫）、「風神・雷神図」屏風（京都・建仁寺）などがある。宗達が創始し、光琳によって完成された装飾画の流れは琳派（りんぱ）または宗達琳派と呼ばれた。

［掲載頁 32頁］

土田麦僊（つちだ ばくせん）

Bakusen Tsuchida

明治20～昭和11年（1887-1936）

大正・昭和期の日本画家。新潟県佐渡に生まれる。哲学者・土田杏村（きょうそん）の兄。本名は金二。明治36年（1903）京都に出て鈴木松年（しょうねん）（嘉永元～大正7年・1848-1918）に入門、翌年から竹内栖鳳（せいほう）（元治元～昭和17年・1864-1942）に師事する。明治42年（1909）その年に開設された京都市立絵画専門学校の別科に入学。在学中に黒猫会（シャ・ノアール）、仮面会（ル・マスク）の結成に加わる。文展では明治41年（1908）「罰」が、大正4年（1915）「大原女」が3等賞を受賞。しかし文展審査への不満から、大正7年、村上華岳（かがく）、小野竹喬（ちっきょう）らと国画創作協会を結成する。第1回展に「湯女（ゆな）」を出品、昭和3年（1928）に協会が解散するまでに、「舞妓林泉（ぶぎりんせん）

図」(大正13年・1924)、「大原女」(昭和2年・1927)、「朝顔」(昭和3年・1928)などを発表した。協会解散後は帝展に復帰し、昭和5年(1930)に審査員、昭和9年(1934)には帝国美術院会員となる。西洋画と伝統画風を調和させた新たな画風の作品を発表し、近代日本画を築いた一人である。
[掲載頁 236, 237, 240, 241頁]

鶴沢探真 (つるさわ たんしん)

Tanshin Tsurusawa

天保5〜明治26年(1834-93)

幕末・明治期の日本画家。京都に生まれる。名は守保、別号は探玄、九鶴館。狩野派の画法を父探龍に学ぶ。安政度の御所造営に父探龍が御常御殿(おつねごてん)中段の間を担当していたが安政2年(1855)に没したため、弱冠22歳の探真が後を受けて完成させた。文久元年(1861)に法眼(ほうげん)、のち帝国博物館御用掛、宮内省御用掛などを務めた。
[掲載頁 124, 125頁]

土佐光清 (とさ みつきよ)

Mitsukiyo Tosa

文化2〜文久2年(1805-62)

江戸時代後期の画家。幼名は重松丸、字(あざな)は子纓、号は鏡水。土佐派の分家土佐光孚(みつざね)(安永9〜嘉永5年・1780-1852)の長男。画法を父光孚に学び、さらに土佐派の古画を研究し画風を刷新した。安政度の御所造営の障壁画制作に従事、清涼殿をはじめ御常御殿、御学問所の障壁画を描いた。御常御殿では剣璽(けんじ)の間の「春夏秋冬花鳥図」を描く。土佐光文は弟。
[掲載頁 112, 113頁]

土佐光文 (とさ みつぶみ)

Mitsubumi Tosa

文化10〜明治12年(1813-79)

江戸時代後期・明治期の画家。幼名は延丸、字(あざな)は子炳、号を韓水といった。土佐光孚(みつざね)の次男。土佐派宗家土佐光禄(みつとみ)の養子となり、絵所預(えどころあずかり)となる。安政度の御所造営の際、画工頭(えたくみのかみ)を務め清涼殿や御常御殿(おつねごてん)御寝の間、御学問所菊の間小襖、参内殿などの障壁画を描く。門人に川辺御楯(みたて)(天保9〜明治38年・1838-1905)、川崎千虎(ちとら)らがいる。
[掲載頁 120, 121, 128, 129頁]

速水御舟 (はやみ ぎょしゅう)

Gyoshu Hayami

明治27〜昭和10年(1894-1935)

大正・昭和期の日本画家。東京浅草に生まれる。旧姓は蒔田、本名は栄一、別号に禾湖(かこ)、浩然。のち母方の速水姓を名のる。明治41年(1908)松本楓湖(ふうこ)(天保11〜大正12年・1840-1923)の安雅堂画塾に入門する。明治43年(1910)に巽(たつみ)画会に初めて出品し、翌年、今村紫紅(しこう)、安田靫彦(ゆきひこ)らの紅児会に加わり、紫紅の感化を受けて画才を伸ばした。後年、紫紅を中心にした赤曜(せきよう)会を結成、大正5年(1916)紫紅の死により同会を解散後、再び京都に移る。大正8年(1919)一時帰京のおり、浅草駒形橋で市電にひかれ左足を失うが、10年東京に戻ってのち、代表作「炎舞」、「樹木」(共に大正14年・1925)、「翠苔緑芝(すいたいりょくし)」(昭和3年・1928)、「名樹散椿」(昭和4年・1929)などを発表した。日本画の装飾的性格に近代性を吹き込んだところに、御舟の本領がある。
[掲載頁 216, 217]

菱田春草（ひしだ しゅんそう）

Shunso Hishida

明治7〜44年（1874-1911）

明治時代の日本画家。筑摩県（現・長野県）飯田に生まれる。本名は三男治（みなじ）。明治22年（1889）に上京し結城（ゆうき）正明に師事する。東京美術学校卒。「寡婦と孤児」は卒業制作である。明治30年（1897）日本絵画協会第2回絵画共進会で「拈華微笑（ねんげみしょう）」が銀牌、同年第3回展で「水鏡」が銅牌を受賞する。明治31年（1898）日本美術院創立に参加し、横山大観らと没線（もっせん）描法を試み、「菊慈童」、「雲中放鶴」（共に明治33年・1900）を発表したが、朦朧体の悪評を受ける。明治40年（1907）第1回文展で「賢首菩薩」が2等賞受賞。同41年視力に異常をきたし帰京する。明治42年（1909）文展で「落葉」（東京・永青文庫）が2等賞受賞。同43年（1910）審査員になり「黒き猫」（東京・永青文庫）を出品した。

［掲載頁 200, 201, 204, 205, 208頁］

円山応挙（まるやま おうきょ）

Okyo Maruyama

享保18〜寛政7年（1733-95）

江戸時代中期の画家。円山派の祖。丹波（たんば）桑田郡穴太（あのう）村（現・京都府亀岡市）に円山藤左衛門の次男として生まれる。幼名は岩次郎、通称は主水（もんど）、字（あざな）は仲選僊斎、号は一嘯、夏雲、仙領など。明和3年（1766）応挙と改名する。幼い頃より絵を好み、はやくから上洛して玩具商に奉公、画ははじめ狩野探幽（たんゆう）の流れを汲む鶴沢派の石田幽汀（ゆうてい）（享保6〜天明6年・1721-86）に入門し学んだが、狩野派の形式化した画風に飽き足らず、近江（おうみ）円満院の門主祐常（ゆうじょう）に見いだされ、写生を基本とした写実的作風に傾き、西洋画の遠近法を研究して独自の画風を形成した。代表作には「雨林風林図」屏風（京都・円光寺）、「藤花図」屏風（東京・根津美術館）、「雪松図」、「四季草花図」（京都・袋中庵）などがある。また兵庫県香美（かみ）町の大乗寺、金刀比羅宮（ことひらぐう）などに障壁画が残されている。

［掲載頁 92, 93, 96, 97頁］

円山応震（まるやま おうしん）

Oshin Maruyama

寛政2〜天保9年（1790-1838）

江戸時代後期の画家。字（あざな）は仲恭。号は星聚館、方壺。円山応挙（享保18〜寛政7年・1733-95）の孫。木下応受の子。伯父円山応瑞（おうずい）（明和3〜文政12年・1766-1829）の養子となる。山水、人物、花鳥を得意とした画家。

［掲載頁 81頁］

村上華岳（むらかみ かがく）

Kagaku Murakami

明治21〜昭和14年（1888-1939）

大正・昭和期の日本画家。大阪に生まれる。旧姓は武田、本名は震一。明治37年（1904）村上家の養子となる。京都市立美術工芸学校専攻科を経て京都市立絵画専門学校を明治42年（1909）に卒業、竹内栖鳳（せいほう）（元治元〜昭和17年・1864-1942）に師事。同期に榊原紫峰（しほう）、入江波光（はこう）、土田麦僊（ばくせん）、小野竹喬（ちっきょう）らがいた。卒業制作の「二月の頃」が第5回文展で褒状を受けた。また大正5年（1916）第10回文展で「阿弥陀之図」が特選。大正7年に麦僊、紫峰、竹喬らと国画創作協会を結成する。第1回展「聖者の死」、第2回展「日高河清姫図」（東京国立近代美術館）、第3回展「裸姫」（東京・山種美術館）などを発表する。この頃より持病の喘息（ぜんそく）が悪化し、大正12年（1923）京都を離れ芦屋に隠棲し、画壇から離れた作画生活を送った。仏教や六甲の山を題材に、宗教的で瞑想的な雰囲気を湛えた精神性の高い絵画世界を造り上げた。代表作には「夜桜之図」、「秋柳図」、「太子樹下禅那図」、「観世音菩屏薩立像」などがある。著書に『画論』（1941）がある。

［掲載頁 244, 245頁］

森 寛斎（もり かんさい）
Kansai Mori
文化11～明治27年（1814-94）
　幕末・明治期の日本画家。長門（ながと）萩に生まれる。本姓は石田、名は公粛、字（あざな）は子容。12歳で太田田竜に入門、桃蹊（とうけい）と号した。22歳の時大坂に出て円山派の森徹山（てつざん）（安永4～天保12年・1775-1841）に師事し、のち養子となり森姓を継いだ。塩川文麟（ぶんりん）の没後は安永16年（1883）より如雲（じょうん）社を主宰した。明治23年（1890）橋本雅邦（がほう）らと第1回帝室技芸員に任ぜられた。円山派の写生画法を受け継ぎ、文人画の情趣的な感覚を作風に加えた。
［掲載頁 176, 177頁］

安田靫彦（やすだ ゆきひこ）
Yukihiko Yasuda
明治17～昭和53年（1884-1978）
　大正・昭和期の日本画家。東京日本橋に生まれる。本名は新三郎。明治31年（1898）に小堀鞆音（ともと）（慶応元～昭和6年・1865-1931）に入門、紫紅（しこう）会（のち紅児会）を結成する。東京美術学校中退。明治40年（1907）東京勧業博覧会で「最手（ほて）」が2等賞、第1回文展「豊公（ほうこう）」が3等賞を受賞する。大正元年（1912）第6回文展に「夢殿（ゆめどの）」（東京国立博物館）を出品して注目を集めた。それは倭絵の伝統を独自の世界に広げ、新たな歴史画を中心に新古典主義と呼ばれる高雅な画風の作品を発表した。大正2年（1913）紅児会と解消、翌年日本美術院再興に同人として加わり、第1回展に「御産の祷（いのり）」を出品した。昭和9年（1934）帝室技芸員、昭和10年（1935）帝国美術院会員。代表作に「五合庵の春」、「孫子勒姫兵（そんしろくきへい）」、「黄瀬川の陣」などがある。
［掲載頁 256, 257頁］

山田耕雲（やまだ こううん）
Koun Yamada
明治11～昭和31年（1878-1956）
　明治・昭和期の日本画家。京都に生まれる。本名は伊三郎。菊池芳文（ほうぶん）（文久2～大正7年・1862-1918）に学ぶ。明治30年（1897）京都の後素（こうそ）青年会に参加し、同会展や全国絵画共進会、内国勧業博覧会などで受賞。明治41年（1908）文展に初入選、大正15年（1926）帝展委員。作品に「鴻」、「葡萄」などがある。
［掲載頁 220, 221頁］

吉田元鎮（よしだ げんちん）
Genchin Yoshida
寛政12～文久元年（1800-61）
　江戸時代後期の画家。文化文政の頃活躍した武田索駿の子で、吉田元环の養子となり吉田家を継いでいる。吉田家は鶴沢派に属し禁裏御用も務めた家柄で、元陳・元椿・元弥、そして元鎮と続いている。寛政度の御所造営に御常御殿御清の間に吉田元陳の倅、吉田大炊（おおい）という絵師が「住吉の景」を描いている。また同様に元鎮も安政度の御所造営には御常御殿清の間に「住吉の景」を描いている。
［掲載頁 116, 117頁］

吉田公均（よしだ こうきん）
Kokin Yoshida
文化元～明治9年（1804-1876）
　江戸後期・明治期の日本画家。初名は広鈞、字（あざな）は平吉、君吉。栖霞あるいは江山漁者と号す。通称は平吉、喜十郎。越中新川（えっちゅうにいかわ）郡宮川村（現・富山県上市町）に生まれる。文化13年（1816）に京都に上り、はじめ四条派の紀広成（山脇東暉）に学び、のち貫名海屋（ぬきなかいおく）、さらに再び四条派の松村景文（けいぶん）（安永8～天保14年・1779-1843）に師事する。安政度の御所造営に参加、花鳥山水を得意とし、御学問所北御縁座敷の杉戸に華麗な「春夏花車図」や力強い「松鷹図」を描いている。
［掲載頁 140, 141頁］

渡辺省亭（わたなべ せいてい）

Seitei Watanabe

嘉永4～大正7年（1851-1918）

明治・大正期の日本画家。江戸神田に生まれる。名は義復、通称は良助、政吉。菊池容斎（天明8～明治11年・1788-1878）に師事し、洋風を加味した独自の花鳥画を得意とした。明治10年（1877）第1回内国勧業博で花紋賞、同14年（1881）第2回展で妙技3等、同11年（1878）パリ万国博で銅牌を受賞した。柴田是真（ぜしん）（文化4～明治24年・1807-91）に私淑し、また七宝焼図案、挿し絵、木版画も手がけた。作品に「雪中群鶴図」（明治26年・1893）などがある。
［掲載頁 196, 197頁］

渡辺公観（わたなべ まさみ）

Masami Watanabe

明治11～昭和13年（1878-1938）

明治・昭和期の日本画家。滋賀県大津に生まれる。本名耕平。狂魚洞、遊魚洞とも号す。京都市立美術工芸学校を中退。明治28年（1895）森川曾文に師事、四条派を学ぶ。明治35年（1902）師曾文の没後は独習、以後文展等で多数作品を出品する。また井口華秋、池田桂仙、上田萬秋、林文塘らと日本自由画壇を結成する。
［掲載頁 188, 189頁］

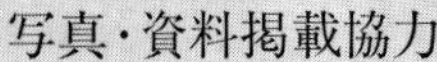

写真・資料掲載協力

京都国立近代美術館
京都国立博物館
京都市美術館
京都市立芸術大学芸術資料館
京都府立総合資料館
宮内庁京都事務所
宮内庁三の丸尚蔵館
国立歴史民俗博物館
財団法人　馬事文化財団　馬の博物館
滋賀県立近代美術館
静岡県立美術館
東京藝術大学大学美術館
東京国立近代美術館
東京国立博物館
豊田市美術館
山口県立萩美術館・浦上記念館
Image: TNM Image Archives
Source: http://Tnm Archives.jp/
シーグ社出版株式会社
安田建一